なぜ台湾人は世界一親日家なのか？

板垣　寛

はじめに

この小著を手にされたあなたは、「あなたが最も好きな国はどこですか」と聞かれたら、どこの国と答えてくれますか？　ある調査で二位以下に十倍の大差をつけて、日本を選んだ国がある。どこの国だと思いますか？　実は台湾である。

二〇一六年七月二十三日、日本と台湾との窓口機関である「交流協会」が、民間の調査会社に委託して、台湾で行った好きな国調査がそれである。「一位日本、二位中国、三位アメリカ」という結果であった。

驚くのはその差である。回答者の実に「五六パーセント」が「日本が最も好き」と答えた。二位中国は六パーセント、三位アメリカは五パーセントという結果であった。

つまり、日本は、二位中国、三位アメリカにほぼ〝十倍〟の差をつけて選ばれた。台湾から日本への旅行者が二〇一五年には三百六十八万人になった。このことは、人口二千三百万人の台湾人の実に一五パーセントが、日本への旅行を楽しんでいることになる。

また、一番行きたい海外旅行先も、〝日本〟で、これも四二パーセントを占め圧倒的である。

台湾人はなぜこれほど日本に好感を抱いてくれるのだろうか。日清戦争の結果、清国から日本に台湾が割譲されてから、本年で百二十二年が経った。その間には第二次世界大戦で日本の敗戦による国民党統治時代の弾圧があったり、戦後、蒋介石と共にやって来た外省人によって、基本的人権となる表現の自由や、集会や信教の自由も奪われた台湾の人々は、三十八年間もの戒厳令下の生活を耐え抜いてきた。

そんな長い時間が経過しても、台湾の人々はずっと日本のことを忘れてはいなかった。

このことは、二〇一一年三月の東日本大震災時、どこの国よりも真っ先に、あっという間に二百億円もの支援金を始めとする、約六〇〇〇トンの支援物資を寄せてくれたのが台湾であったことで明らかになった。

さらに、二〇一六年十月、私が訪台してびっくりさせられたことがあった。それは、日本人を神様として祀っている「飛虎将軍廟」が、台南市の人々に今も厚い信仰心の的になっていたことだ。

私はあの大災害をきっかけとして、いわゆる台湾人の［親日の心］を解き明かし、改めて日台友好のかけはしになれればと思う。そして台日交流の絆が太く強固になって次世代に受け継がれて行くことを願っている。

著者

平成二十九年　陽春

なぜ台湾人は世界一親日家なのか？　目次

第三章　台南市での鹿踊り

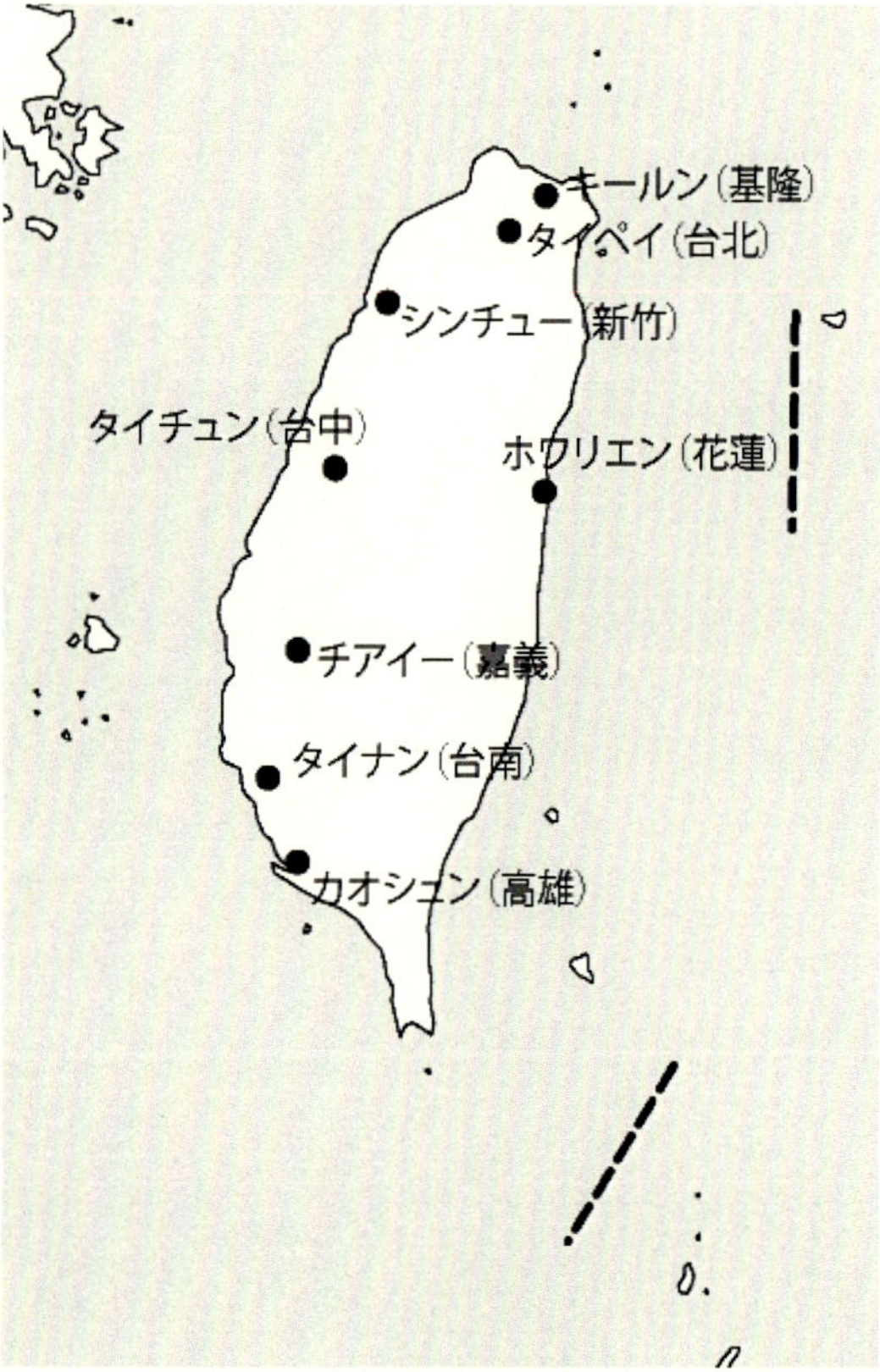
キールン（基隆）
タイペイ（台北）
シンチュー（新竹）
タイチュン（台中）
ホワリエン（花蓮）
チアイー（嘉義）
タイナン（台南）
カオシュン（高雄）

台湾全土図

第一章　台湾から東日本大震災への支援

大震災で台湾から寄せられた支援

台湾と日本との交流を続けている古川精一さんから、ある日、台湾仏教会が東日本大震災後、三陸沿岸地区に大きな支援を寄せたというお話しを伺う機会があった。

未曾有の災害に見舞われた東日本大震災の際には、被災地の復興と生活再建のためにと赤十字社や赤新月社などを通じて、一〇一の諸外国や地域から寄せられた善意の金額は震災発生の二年後の一月現在、約九九七億円であった（二〇一三年三月十一日付岩手日報）。

この内訳として驚いたのは台湾からの支援金であった。ある国

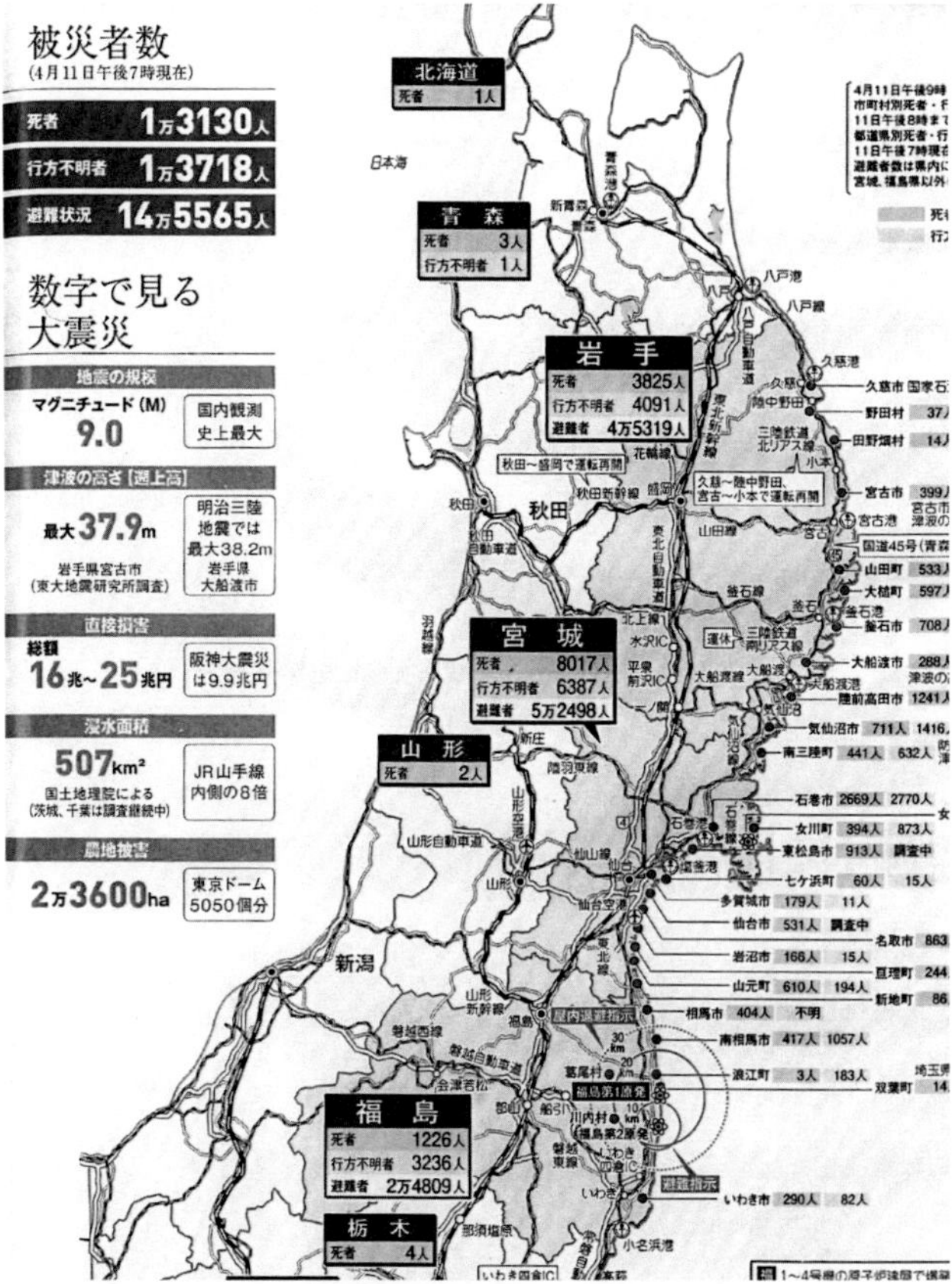

岩手日報社『特別報道写真集　平成の三陸大津波　2011.3.11東日本大震災　岩手の記録』より

会議員の秘書からの資料や、地元の県議会議員からいただいた資料によると、台湾からは日本赤十字社に対する救援金、財団法人仏教慈済慈善事業基金会による住宅被害見舞金、県、市町村に対する寄付金の総額は約二百億円に及んだ。更に、台湾外交部、官民から被災地各自治体に供与された救援物資は約六百トンであった。いや、統計

宮古市を襲った津波

仮設住宅（宮城県七ヶ浜町）

には表れないもっと多くの支援金や支援物資が届けられているのかも知れない。

こうした、特に台湾からの善意の供与が飛び抜けて多いわけを知らなかった私は、被災地におもむき、生活再建に頑張っておられる方々から直接、話を聞いてみることにした。

岩手県大槌町の被災者たちの証言

平成二十八年十一月十一日。私は津波の被害に遭われた大槌町の五名の友人に、我が家で取れた米、さつま芋、馬鈴薯などを少々車に積んで会いに行った。

その友人たちは、近くのレストランで私を出迎え、逆にもてなしてくださり大変恐縮した。大槌町の場合、台湾からの支援金は、罹災した年の七月中旬頃、一人一人手渡されたという。一人暮らしでまだ仮設住宅に住んでおられる佐々木テルさん（八十九歳）は、その当時、雫石町のつなぎ温泉に避難していたら、大槌町の職員から支給の連絡を受け「これは台湾からの支援金です」と三万円を手渡されたという。

同じ地域に住んでおられた高田良子さん（八十九歳）は、五人の家族が津波にのまれてしまったので、宮城県の松島に住んでいる肉親の家に身を寄せていたが、佐々木テルさんと同様に、役場からの連絡があり三万円を頂いたとのことであった。

また、伊藤昇さん（八十九歳）は、その当時二世代家族であったので、五万円を手渡されたという。

あとのお二人は被災に遭わなかったので支給されなかったとのことであった。台湾から現金を支給された方々は、「あの震災の際に、各銀行の支店が、津波にのまれて営業不能になっていた時の現金支給だったので、大変助かりました。台湾がイの一番に手を差し伸べてくれたことに感謝でいっぱいです。今もその御恩は忘れません」と口々に述べられた。

蛇足になるが、そのレストランでの懇談の際に、震災当時は東京都内で警察官をしていたという磯田さんという方から「風の電話」の話を聞き、案内していただいた。

「風の電話」とは、六年前のあの津波の一部始終を自宅から見ていた大槌町の庭師、佐々木格さん（七十二歳）宅に設置してある電話ボックスで、線の繋がっていない電話のことである。「あの日、あの時、あまりにも突然、多くの命が失われた。せめて一言、波にのまれていった肉親に、最後の声をかけてやりたかった人がたくさんいるはずだ」そう思って設置したという。

冷たい小雨が降る浪板の海が見える小高い丘に、その「電話ボックス」が立っていた。私ごとだが、昨年（五月三十日未明）癌で妻に先立たれた。磯田さんに案内されて私もボックスに入り、あの世の妻に話しかけたい衝動にかられた。

受話器を握り、「逝ってから五カ月以上も経っているのに、何故一回も夢に出てきてくれないんだ、寂しいよ。」と話しかけたら、どっと涙が出て止まらなかった。「私は死んでなどいられない、これからも仕事が山ほどあるから」と献身的に亭主に尽くし、病院の死の床にあっても気丈にしていたのに、逝ってから音沙汰がなかった。

電話ボックスの中には、雑記帳が置かれてあった。震災で肉親が波にのまれた方々ばかりでなく、全国各地から訪れた方々が、同じ

風の電話ボックス前にて

様な悲しみを経験した者ならではの心境を吐露してあった。

別れ際に佐々木テルさんが「夢に出てこないのは奥さんが既に成仏しており、旦那様にはこれから先、二人分楽しく長生きをして欲しいからなの。お互いに手を取り合って頑張りましょう」となぐさめてくれた。

六年前の、あの忌まわしい三月十一日。愛おしい肉親や大切な財産を失って、それぞれの生活再建のために必死に努力している浜の友達から逆に励まされた一日であった。

日本の九州の面積ほどの台湾という島国の人々が、何故そんなに巨額な支援金を送ってくれたのか。私の疑問はいっそうふくらんできた。

岩手県山田町の被災者たちの証言

年が明けた平成二十九年一月十九日、今度は大槌町の隣町、山田町の集会所で、台湾からの支援金を提供された六人の方々に、そのときのお気持ちなどを話していただいた。

山田町山田第五仮設団地談話室にて（平成二十九年一月十九日）

上林豊さん（八十一歳）

手術後、声が出ない。流される前は澤田ツマ子さんと隣近所。フォレスタメンバーである澤田薫さんの母のツマ子さんは、薫さんがトランペットの勉強で東京まで行っていたが、騒音を漏らしてはと防音の部屋をつくってあげた。現在の息子の活躍はそこにあると思う。釜鉄にいたころ、ブラジルに一年間、韓国に三カ月、技術指導に行った。

台湾からの支援が、世界で一番早く、金額も一番多く、小さな島国からあの金額の支援をいただいたのは有難いことである。

上林サツ子さん

海から一〇〇メートルくらいの所に自宅があった。一階と二階がばらばらに見つかった。一週間のうちに泥棒が入りほとんど盗まれた。津波の五十日後夫が医大に三か月入院。現在、家を再建して二年である。

福士恵美子さん（七十歳）

全部流されて、残ったものは古いフライパン。お盆に松明かしをするとき、その古いフライパンにのせてやったものだが、それが、家の跡に残っていた。津波で夫を亡くしたが、お盆にはこれで送り火をしてほしいという意味かと、お盆にはそのフライパンで送り火をしている。去年の九月に家を建てた。

津波の日は、主人が畑仕事をしていて、一緒に逃げたが、寒いからと戻って、位牌を二階に上げて、毛布をもって長ぐつをはいて逃げようとしたところを、津波にのまれた。

四月十一日に遺体は見つかった。ポケットに免許証が入っていて主人とわかった。

大久保祥子さん（七十歳）

県職員を退職しこれからというときに、被災。夫は未だに行方不明。駅の後ろに自宅があったので、家は大丈夫だった。チリ津波を考えれば大丈夫と思ったが、想像できない大きさだった。タンクローリーも流され、まず逃げなければと思い、女の人が二人家の前にいたので自宅に誘導。ガスボンベがシュウシュウ音を立てていて、タオルケットだけを持って南小学校に避難。あとで自宅に帰ったら焼け跡のドアの所にガラスのふくろうを置いていたのを見つけ、このふくろうがあれば幸せになれると思った。娘二人と息子夫婦、孫二人と仮設の隣のアパートを借りて住んでいたが、被災の三年後に家を建てた。

倉本マキ子さん（六十九歳）

自宅は高台にあったので無事だったが、上から見た光景は凄まじかった。皆どうしているかと心配だった。実家は流された。

澤田ツマ子さん（七十歳）

夫は元航空自衛官。フォレスタメンバー澤田薫さんの母親。被災前から地区の民生委員、現在も仮設地区の民生委員。

被災の二年半前に海から百メートルの所に、三階建ての自宅を新築。被災し、夫は昨年（平成十六年）に死亡。

津波の時は、何時間かしたら自宅に帰れると思い、一階の米を二階に運んだが、それでもみな流された。高台の造成地の引き渡しが来年の一月頃、その後、自宅を再建の予定。早く逃げて、その後で自宅に戻った人が多く犠牲になった。山田町は火事の犠牲者が多く、現在も百五十人が行方不明。

遺体が見つかったというので、警察に呼び出されて行っても、土になっているのでDNA鑑定もできない。形にもなっていないので、見ているのもつらい。火事でもなければ遺体の判別もできたろうが、地震の後の火事は想定しなかった。

その他の証言

・バッグにお金を入れないで避難。店もないが、銀行もお金もない時に、一人暮らしの方には三万円、二人世帯には五万円、四人以上の世帯には七万円の現金を役場で、台湾の方から手渡しでいただいた。

・着のみ着のままで逃げたので、現金でいただき、ありがたかった。被災の年の八月頃のような気がする。

・大きなお釈迦様の絵が真ん中に飾ってある、その前で台湾の方から現金をいただいた。皆、頭から白装束を着て、県北の沿岸から順に支援金を渡してきたと聞いている。

・支援物資はどこから来たものとは知らされないので、どこからもらったのかわからない。

・海外青年協力隊が、バングラデッシュでかつて農業指導の支援をしたことへのお礼かと思うが、バングラデッシュから豆を贈られ、平川食品が豆腐に加工して下さり美味しかったことは、鮮明に記憶している。

・津波の日は小さなおにぎり一個を分け合って食べた。その晩何も食べない人もいた。火事と余震が多くて腹も減らないし、何か食べたい気持ちも起こらなかった。
・支援物資は三日位後から、豊間根の津波に遭わなかった人達から、被災者にわたりはじめた。
・役場に行って食パン、水をもらった。ポリタンクを洗って、沢水をためて飲み水にした。男たちは毎日沢水を汲みに行った。
・トイレが一番大変だった。トイレの数はあったがすぐに満杯。夜、トイレに行くのが怖かった。
・一回で百食炊ける炊き出し用の釜でご飯の作り方を教わったが、やり方が悪かったのか怒られた。高台に避難していたので、下から持ち上げるのが大変だった。被災前の訓練の時は良かったが、本番はたいへんだった。

・北浜地区は自治会の防災組織があって、訓練もしていたのでよかったが、仮設住宅での組織作りが大変だった。身障者、高齢者をどうするか。

・想定外の津波、まさかここまでは来ないと考えた人がやられた。二〜三時間で自宅に帰るつもりでいた。

・生活する分には間に合っているが、一人暮らしの方たちの集まりがあっても、特に、男性は人と交わらないのが心配。

懇談会の終わりに

「台湾からなぜ、そんなに早く二百億円以上の支援金を被災者の人々に支援をしてくれたか。私は台湾への感謝の気持ちを本にして、送りたいと思っています。本日はありがとうございました。」

タレントのうつみ宮土理さんが、被災地の仮設住宅に三年ほど前に贈ったという、「青いこいのぼり」が五月になると、各仮設住宅の屋根の上でたなびく。

その日お話を伺った方々は、お一人を除いては住宅を再建され、そのお一人も来春には土地購入、再建のめどが立っておられるの

山田町懇談会のみなさん

で、あれほどの大震災の記憶を明るい口調で、時折、笑いも飛び交う中での懇談会だったことに、救われる思いと希望の春を予感して山田町をあとにした。

資料に見る台湾からの岩手県に対する支援の実態

岩手県議会の佐々木順一議員提供資料

平成二十九年一月十一日　環境生活部若者女性協働推進室

「東日本大震災津波に関連した台湾からの本県に対する支援状況について」

台湾からの復興支援状況（主なもの）

（平成27年9月30日 岩手県広聴広報課調べ）

一、義援金等

（一）日本赤十字社に対する東日本大震災海外救援金（約七〇億円、世界第二位）

（二）財団法人仏教慈済慈善事業基金会による住宅被害見舞金（約八十五億円※被災三県合計）

本県沿岸市町村（住宅被害のなかった普代村を除く）ほか被災三県の被災者に対して直接支給

（三）県、市町村に対する義援金及び寄付金等（約十五億円）

台湾からの義援金の説明文

二、災害公営住宅建設費用の一部
大槌町吉里吉里地区、大ケロ（おがぐち）地区、源水地区（約十五億円）
三、被災保育園再建費用の一部
山田町大沢保育園、日台きずな保育園、大槌町吉里吉里保育園（約四・四億円）
四、被災幼稚園再建費用の一部
大槌町みどり幼稚園（約六二〇〇万円）
五、放課後児童クラブ建設費用の一部
山田町山田北小学校放課後児童クラブ、豊間根地区放課後児童クラブ

山田町山田北小学校放課後児童クラブ

（八〇〇〇万円）

六、中学生台湾派遣受け入れ

嘉義（かぎ）県において、岩泉町小本中学校生徒及び引率者

八十二名を受け入れ

右記の情報については、岩手県で集めた情報のみを掲載しております。震災直後は混乱の中にあり、台湾から本県への支援全体を集約した情報ではないことを御了承願います。

次に、ある国会議員事務所から提供された国全体に対する台湾からの支援の実態は三十八～三十九頁の通りである。

日本民間人有志によって台湾の新聞に掲載された感謝広告

台湾からの被災地訪問団受け入れ歓迎横断幕

から寄せられた物心両面の支援

捐金

を給付

タイ1,600

自

4-19)

い関

外交部

ティー番

震災1

震災チャティー番組で募金を呼びかける馬英九総統
【写真:台湾総統府HP】

震災1周年に際して交流協会が発表した台湾からの支援に対する感謝広告　【写真:交流協会】

日台関係：東日本大震災後に

- ■ 台湾各界から総額68億3,976万NT$（187.4億F
  （1NT$=¥2.74で換算；2012.3.16台湾外交部発表）
  - □ 台湾外交部、1億NT$（2.9億円）の義捐金提供を発表（2011.3.12）
  - □ 交流協会には4.2億NT$以上の義援金が寄せられた（～2012.2.6）
  - □ NGO・慈済基金会は、被災地にて被災家庭4.5万戸に総額約23億F
    （2011.10迄）
  - □ セブンイレブンの店頭募金金額～台湾3億368万円、米国＋カナダ6,C
    万円（昨年6月時点）
- ■ 台湾外交部、官民からの救援物資560トンを被
  治体に提供
- ■ 緊急援助隊28名が宮城県で捜索活動を展開
- ■ 馬英九総統を含む台湾当局指導者から寄せら
  心
  - □ 地震発生当日、馬英九総統、呉敦義行政院長から菅総理（当時）
    長から松本外務大臣（当時）へのお見舞い書簡を接到。
  - □ 馬英九総統は、呉敦義行政院長、各直轄市市長らとともにテレビの
    組に参加し、4時間にわたって自ら市民に日本支援を訴え。
  - □ 馬英九総統、楊進添外交部長（当時）らは、交流協会台北事務所
    年の追悼・復興レセプションに自ら出席（2012.3.12）。

宮城県の被災地の場合

○仙台市交流企画課からの回答

平成二十九年一月三十一日

震災時に台南市から仙台市に対して、一億三〇〇〇万円以上の寄付金が寄せられた。その他に仙台消防局にも支援が入った。台南市と仙台市は国際交流協定締結都市の提携をしている。

台南市からの支援

一、台南市政府としての支援

（一）募金活動

台南市が窓口となり、市民に対して仙台市への募金の呼びかけが行われました。また、頼清徳市長及び頼美恵議長も寄付されました。

さらに三月二十五日には「仙台に愛を届けよう──募金の夕べ」というイベントが開催され、市長、市議員、企業人、芸能人を始め、千名以上の市民らが参加し募金が集められました。

（二）消防局隊員の派遣

台南市消防局員五名を含む台湾からの捜索救助隊二十八名が被災地へ派遣されました。台南市消防局員は三月十四日から十九日まで、仙台空港や岩沼市などの被災地で救助活動にあたりました。

（三）表敬訪問および寄附金

頼清徳市長ら訪問団が四月二十二日、仙台市役所を訪れ、奥山市長に寄附金を手渡されました。また、大学生や高校生を台南市に招くホームステイ計画も提案されました。

台南市長（頼清徳氏）の日本記者クラブでの講演から（抜粋）

新時代の日台交流「震災援助で繋がる日本と台湾」

台南市市長頼清徳（二〇一六年一月十六日）

於 東京での日本記者クラブの会場

本日、お話しするテーマは「新時代の日台交流~震災の援助が台湾と日本を結ぶ」です。まず最初は「まさかの友は真の友」についてお話しします。

二〇一一年に発生した三・一一東日本大震災のときには、台湾全土が日本を案じ、誰もが募金を行い、誰もが日本を助けたいという思いに駆られました。台南にいた我々にも、多くの台南市民から電話が入り、台南市として具体的な行動を起こすように求められました。

そこで、直ちにチャリティ募金活動を行ったのです。地震発生の一カ月後、私と頼美恵議長は、台南市民から寄せられた義援金を携え、仙台市に向かいました。地震発生後、それほど月日が経っていないときに、私たちが台湾からお見舞いに駆けつけたということに、仙台の方々は感動して下さったと聞いております。

実は台湾では、親しい友人に何かあったときには、直接出向いて手助けをするのはあたりまえのことなのです。台南市と仙台市は姉妹都市として友好な関係を築いてきました。ですので、台南市民の気持ちを、直接仙台にお届けしたというわけです。

仙台から台南に戻り、それほど経たない頃、やはり台南市の姉妹都市である日光市の齋藤文夫市長が台南市を訪問され、日光へ観光に来てほしいとの要請を受けました。当時、日光市は放射能に汚染されているのではないかという風評被害のため、観光が大打撃を受けていたのです。そこで私たちは、六月十一日にチャーター便で、三〇五名の観光親善団を日光に送り、台南からの気持ちを日光に届けました。

台湾と日本の心の結びつきは深く、両者の関係は新たな段階へと入ることになりました。それは台湾における日本の代表機関が、今年の一月一日より「日本交流協会」から正式に「日本台湾交流協会」へと名称を改めたことに表れています。これは、日台関係が新たな時代に入り、プラス方向へ安定して発展していることの象徴です。

こうした有効な結びつきにより新たな関係を築く中で、日本と台湾の関係は、より緊密なものとなっています。観光、経済や貿易面での実質的な交流や協力も密になっています。このほか、「亜東関係協会」と「日本台湾交流協会」の枠組みの下、日本と台湾は、漁業、交通、経済貿易等の各分野に関する四十七項目の協定を締結しています。こうしたさまざまな分野や、多方面に関する覚書により、日台の地方産業が連携し、双方が交流、協力を行っています。

台南の文化に影響を与えたものとして、特にご紹介したいのは、茨城県水戸市出身で第二次大戦時の零戦パイロット杉浦茂峰少尉のことです。杉浦少尉は米軍に撃墜された際、すぐに脱出せず、集落を避けて零戦を墜落させたために逃げ遅れ、命を落としてしまいました。当時、杉浦少尉が台湾の人々のことを自分のことのように思っていることがうかがえる話です。

台湾の人たちは、杉浦少尉の犠牲を弔うために、少尉を祀る「飛虎将軍廟」を建立しました。「飛虎将軍廟」を参拝に訪れた日本の方々は、台湾の人々が日本人パイロットを祀る廟を建てておお参りしていることに非常に感動し、寄付を募り神輿を制作、奉納して下さいました。一昨年の四月には、日本から二〇〇名の団体ツアーが台湾を訪れ、飛虎将軍を乗せた神輿を担ぎ練り歩きました。

昨年の九月には杉浦少尉の神像が、日本へ里帰りしました。

台湾は蔡英文総統の指揮の下、日本との協力関係を強化したい考えです。蔡総統が前行政院院長、謝長廷氏を駐日代表に任命したことは、台湾が日本を重視していることをより鮮明にしています。謝代表も日台関係を安定させ、これが台湾の安定と発展に繋がることを強く望んでいます。

台湾の政治家として、震災の援助を経験したことで友好的な繋がりができた台南市長として、私の政治生命において「日台間に真心のこもった繋がりを育てること」、そして「日台関係を守ること」を私の重要な任務の一つとし、最後まで貫くことを、ここに皆様にお約束いたします。

私は台南市長として、今ここに、日本の地方自治体との交流の最前線に立っております。

皆様、ご清聴ありがとうございました。

（水戸市藤田氏より提供）

第二章　台湾という国について

日本の台湾統治時代

東日本大震災に多額の支援金や多くの支援物資を一番先に日本に届けてくれた台湾の現世代の心情の根源がどこから湧いて来ているのであろうか。私はその理由を知りたくなり調べてみた。

すると日本の治世時代五十年の間にもともとアジアの貧困地域のひとつだった台湾は日本の先人達に依り、農業と治水、インフラの整備と産業の近代化、教育（精神と技術の錬磨）を進め、台湾のめざましい発展の基礎を築いていたという事実があった。そこには欧米列強のような植民地支配よる搾取ではなく、共存共栄を主とした日本の統治政策があった。その結果として現在の繁栄がもたらされたことに、多くの台湾人が感謝の念を忘れないでいる。

「日本人に隠された真実の台湾史」の中で、著者である台湾高雄市生まれの李久惟氏が述べている。

それでは、台湾の歴史と台湾の発展に寄与した代表的な日本の先人達とは誰かと詳しく調べてみた。

台湾の現状

台湾は日本の南西に位置し、九州とほぼ同じ面積の亜熱帯の島である。人口は二千三百万人であると言われているが、その経済力は大きい。ＧＤＰ（国内総生産）は二〇一七年一月十五日現在、世界ランク十八位、二〇一五年の外貨準備高は世界五位（日本は三位）であり、アジア有数の工業国である。主な産業には、マザーボードや液晶、スキャナー、ノートパソコンなど、ＩＴ関連や家電製品などの製造業、繊維、精密機械のほか、海運業や航空業にも強みを持っている。

日本との人的交流も盛んで、台湾から日本を訪れる渡航者は、二〇一五年一月二十六日、国土交通省・観光庁の統計によると、二〇一五年に日本を訪れた台湾の旅行者は約三百六十八万人に及び、二〇一四年に台湾を訪れた日本人は一六三万人であった。

台湾に在留している日本人は二〇一五年十月、外務省「海外在留人数調査統計」によると、在留邦人は二〇、一六二人で、台湾に進出している企業の総数は、台北市日本商工会の二〇十三年の統計によると一三〇〇社あまりと報告されている。

その台湾に私が初めて訪れたのは、地域の友達十六名とともに平成八年十一月八日から四日間、主として台北めぐりの観光旅行であった。その時特に印象に残ったことは、現地のガイドさんが台湾と日本との歴史的なかかわりについて、詳しく説明してくれたことであった。そして、何時の日にか妻と二人で訪台をと思い続けていたが、既述の通り妻は昨年亡くなった。そして心が沈みがちになっていた平成二十八年九月上旬ころ、私が親しくさせていただいている、「希望郷いわて文化大使」および花巻市イーハトーブ大使の古川精一さんから電話があった。古川氏は国内外でバリトン歌手としてめざましく活躍している。

「東日本大震災に対する台湾からの復興支援に対する感謝をこめて、台南市が主催する（台南国際民俗芸術祭）に参加できるどこかの伝統芸能団体を推薦していただけないか」という要請であった。そこで、花巻市石鳥谷町の春日流八幡鹿踊り保存会（会長玉山克巳）を推薦したら、ＯＫということになり、私もメンバーの一人に加えていただき、平成二十八年（二〇十六）十月十三日から十六日までの間、後述の日程で日本伝統の鹿踊りを各地で披露して喝采を受けて帰国した。

その台湾滞在中、そして帰ってからも、台湾の人々の温かい心にふれたことに衝撃を受け、台湾に対する私の無知ぶりを痛感させられた。以来、台湾は私を惹きつけて離さなくなった。

台湾が歩んできた道のり

台湾は長らく外来政権による支配を受けて来た。一六二四年八月二十六日に台湾に上陸したオランダにはじまり、鄭成功が率いる鄭氏政権、中国では異民族王朝とされる清国、そして日本。さらに終戦後は蒋介石率いる国民党政府が台湾を統治してきた。

一九四五年九月二日、日本がポツダム宣言を受諾したことにより、連合軍の占領するところとなった。これを受けて同日、連合国は指令第一号を発表し、中国（満州国）と台湾およびベトナムの日本軍に対して、蔣介石（一八八七～一九七五）への投降を命じた。そして国民党軍に対して、台湾の占領を命令した。

台湾の領有権帰属の国際条約も無いまま、台湾を中国の「台湾省」としたのは、カイロ宣言に依拠してのことであった。

このカイロ宣言とは、一九四三年十一月二十二日より二十六日まで、ルーズベルト米大統領、チャーチル英首相、それに中華民国蔣介石総統がカイロで会談して、対日戦争と戦後処理について具体的に討議した最初の会議のことである。この会議で台湾は中国に返還されることになっていた。

台湾の人々が自らの意志で政権を選んだのは、一九九六年の総統直接選挙、つまりわずか二十一年ほど前のことである。その後、二〇〇〇年、二〇〇四年の総選挙では民主新党（民進党）の陳水扁候補が当選。しかし、二〇〇八年の選挙では馬英九候補を立てた国民党が政権を奪還。現在は民進党、蔡英文氏である。

蔡英文氏

台湾島にはもともとマレー・ポリネシアン系の人々が暮らしていた。彼等は清国統治時代に「生蛮」、日本統治時代に「蛮人」、そして昭和期には差別的に「高砂族」と呼ばれていた。現在は北京語で「原住民」とよばれているが、独自の政治形態を持つ事はなく、戸別に

集落を形成して暮らしていたため、相互の交流も生まれず一勢力にはなりえなかった。

彼等のルーツを調査していくと彼等自身もまた別の地から台湾へ渡って来たという伝説を持って居り、台湾島を発祥の地とする部族はタイヤル族の一部やパイワン族などに限られる。こういった伝承の中には身長六〇センチあまりの人種が先住民として登場することがあり、こちらも興味が尽きないのだが、本書ではふれないことにする。

その後一六世紀頃になって中国大陸の福建や広東から漢人の移住者が増えた。彼等は台湾中南部の平地に暮らし、平埔族と呼ばれる平地原住民の各部族と混血を繰り返した。

現在、人口の約八十五%を占めるといわれている「本省人」はこうして形成された中国由来の子孫である。

当時、中国大陸では明国が末期を迎えていた。明国は台湾への領土的関心が低く、ここを辺境の地として放置していた。

しかし、一七世紀になると、インドネシア方面からオランダ人が流入し、フィリピンからはスペイン人がやってきた。。オランダは南部を、スペインは北部を占領するようになるが、後にスペインはオランダに追われて撤退する。そして、オランダの支配は山岳部や東部を除く台湾の大部分におよんだ。

日本にもなじみの深い鄭成功は異民族王朝の清国を打倒し、明国の復興を唱えたものの、実際には敗戦を続け、台湾に逃げ延びた。

オランダ勢力を駆逐した鄭氏政権はより多くの移民を福建省から招き、統治の基礎を固めた。しかし、鄭成功の死後、鄭氏政権は瞬く間に崩壊の道を歩むこととなり、清国に滅ぼされてしまう。

一八九五年、日本統治時代が始まる

一八九五年（明治二十八）六月十七日。日清戦争で締結された下関条約で、台湾は日本に割譲された。これは日本が初めて条約を経て得た海外領土であった。この日、初代台湾総督・樺山資紀は台北で始球式を執り行い、日本統治時代がはじまった。

しかし、当初は各地で頻発したゲリラの掃討に追われることになる。北白川宮能久親王率いる近衛師団は、台湾北東部に上陸し、抗日勢力を鎮圧しながら台南まで進んでいった。

戦火は南に向かうごとに厳しいものとなり、とりわけ彰化以南の戦闘は熾烈を極めたという。そして、北白川自身もマラリアに罹り、台南で客死した。（死因は台南市の一九三二年に設立した林デパートで原住民に毒矢で暗殺されたとする説がある。）

第四代総督の児玉源太郎の時代に入り、状況は次第に変化を見せて来た。戦火が止む事はなかったが、総督府はこの時期に台湾の統治に本腰を入れるようになった。

児玉は現場の責任者である民政局長に後藤新平を起用し、斬新なアイデアをもとに各種改革を実施していった。

後藤はまず当地の状況を把握するために土地調査と戸籍調査を進め、風土の事情に基づいた法規を整えて、同時に財源確保し、衛生事情の改善や交通インフラの整備、教育の普及、製糖事業をはじめとする殖産開発などを手掛けるなど、多岐にわたって大きな成果をあげた。その実績とされるものは枚挙にいとまがなく、この時期に台湾経営の基礎は固まったといっていい。そして、その社会資本整備は日本統治時代は勿論、戦後そして現在にも大きな影響を与えることになる。

台湾と岩手とのゆかりの人々

前述の李久惟氏は著書「日本人に隠された真実の台湾史」の中で次の様に述べている。

――東北での未曾有の大震災に台湾から沢山の義援金や援助があったのは、もしかしたら日本の岩手県出身の三人の偉人の功績によるのかもしれません。彼等は遠い昔に偉大な功績を残し、台湾では今でも語り継がれている。

一九九九年、後藤新平と新渡戸稲造の業績を讃える国際シンポジウムで、日本側代表は「日本による戦前の台湾統治で日本は良いこともしたが、悪い事もしたであろう。そのことについて謝罪したい。我々はただただお詫びするしかありません」と発言したが、これに対して、台湾側から「日本が日本統治時代について台湾に謝罪する必要はない」「日本人よ、胸を張りなさい」という叱咤激励が返ってきたというのである。

一八九五年の下関条約締結当時、清国の全権・李鴻章は伊藤博文首相に「台湾には四害あり、統治は不可能」として、日本に台湾割譲をあきらめさせようとした。

この「四害」とはアヘン、土匪、生蛮（先住民）、そして瘴癘（風土病・疫病のこと）である。我々の先祖・先住民を清国が「害」の一つだと言っているのもとんでもない差別ですが、四害がある上、意思疎通が出来ないし、少数の権力者や裕福な家の子弟以外はほとんど教育が施されていない未開の場所、それが当時の台湾だった。

そのひどい状況を救ってくれたのが、代表的な岩手出身の三人である――。

後藤新平

岩手県奥州市生まれの後藤新平（一八五七～一九二九）は、明治から昭和初期にかけて幅広い分野にわたって活躍した政治家であるが、実は医師が本職であった。しかし、内務官や台湾民政長官、満州鉄道の総裁、東京市長などを務め、

一九二三年の関東大震災直後には被災した東京の復興のための「帝都復興院」を創設し、リーダーシップを発揮したすごい人物であった。

日本統治時代の最初の頃、台湾ではペスト、コレラ、赤痢、発疹チフス、腸チフス、ジフテリアなど伝染病に悩まされ、別名「台湾熱」と呼ばれるマラリアは最大の課題であった。

当時の新生児の生存率は三〇%ほどであり平均寿命は三〇歳前後で台湾統治にまずやらなければならないのが衛生事業であった。

これに手腕を発揮したのが、後藤新平であった。明治三十一年（一八九八）三月、陸軍次官・児玉源太郎が第四代台湾総督として着任し、総督の右腕として民生長官に抜擢されたのが医学博士の後藤新平であった。彼は現地の状況を把握するため、まず台湾におけるる調査事業として台湾調査会を発足させ、「民法学者・行政法学者・歴史家など様々な分野の専門家」を招聘し研究させた。

また、大規模な人口調査を実施した上で道路、鉄道、水道、湾港などのインフラ整備の他、衛生環境と医療の大改善も行なった。

台湾の上下水道はこの頃整備され、あらゆる伝染病が次第に消えて行くことになる。内地から一〇〇人を超える医師を連れてきて全島各地に配置し、近代的衛生教育を徹底させる公医制度をはじめ、病院、予防消毒事業団の設立など次々と衛生改善策を講じた。

それから開発と同時に日本から人材の招聘にも力を注ぎ、アメリカから殖産局長として招かれた新渡戸稲造は臨時台湾糖務局長としてサトウキビやサツマイモの普及と改善に大きな成果を残した。

都市計画・町づくりに関しては、「上下水道、橋、ダム、道路、鉄道、発電所、送電設備、建築、娯楽施設」など多岐にわたる建設事業から「様々な産業の育成」「基礎・専門の教育を中心とする人材の育成」に至るまで幅広く計画し、実行したのである。

また後藤は、当時の台湾の庶民の間で大きな社会問題となっていたアヘン吸引の常習者を減らすために「アヘン斬禁策」を施行し、「専売制と吸引許可制」の方法でおこなった。

その結果、明治三三年（一九〇〇）に一六万九〇〇〇人いたアヘン常習者は昭和三年（一九二八）には二万六〇〇〇人にまで減少し、昭和二十年（一九四五）の終戦前には、台湾でのアヘンの根絶が達成されていた。

平成二十九年一月八日、私は奥州市にある後藤新平平和記念館を改めて見学した。そしてスケールの大きい先見性を持ってさまざまな難事業を成功に導いた彼の功績に驚嘆した。そして、岩手県民の一人として、彼の功績を顕彰しなければと思った。

記念館には、台湾の奇美実業会長の許文龍氏自ら製作して寄贈された後藤新平の胸像があった。その胸像を寄贈した許文龍氏は次の撰文を残している。

後藤新平閣下の台湾における功績を偲ぶ――許文龍

――後藤新平先生は台湾総督府民政長官（在任一八九八年三月～一九〇六年一月）として施政にあたり、「生物学原則」の科学的方法で旧慣調査を行い、それに基づいて台湾の社会に適した法律を制定し法治の基礎を確立しました。

元来、極度に劣悪であった治安が「夜不門戸」夜戸締まりが不必要なまでに回復したこともその一例です。

又、上下水道を整備し、衛生環境の改善により住民の平均寿命は大幅に伸び、教育を普及して民智を啓蒙し、水利、灌漑、道路、港湾、郵便、電信等、経済発展と工業化に必要な基礎をつくりました。

私が後藤新平先生の銅像を造ったのは、その功績に感謝の念を表し、台湾の人たちにも知ってもらいたいためです。

加えて、この銅像を日本に寄贈するのは、日本の皆様に台湾の近代化と今日の繁栄に貢献した多くの先達、例えば殖産（特に精糖工業）に尽力した新渡戸稲造博士、蓬萊米の父と言われた磯永吉博士、日月譚ダムをつくり、不毛の嘉南平野を潤した八田與一技師、そのほか朝鮮で科学工業を興された野口尊、孫文の改革事業に生涯を捧げた宮崎稲天、印度・ビルマ・東南アジア各地の独立を支援した人々が海外に残された輝やかしい業績の過去に対する事実を思い起こし、戦後失われた民族としての誇りと自尊心を取り戻してもらいたいからです。

（中華民国（台湾）奇美実業会長）

新渡戸稲造

岩手県盛岡市生まれの新渡戸（一八六二～一九三三）は、今日まで長年読み続けられている「武士道」の著者として知られ、その著書は流暢な英文で書かれている。

新渡戸は東京英語学校、北海道大学の前身の札幌農学校、帝国大学（のちの東京帝国大学）に学び、アメリカのジョンズ・ホプキンス大学の学士号、ドイツのハレ大学の農業経済学の博士号をとり、京都帝国大学博士の学位も取得し、その後アメリカの大学での講義、数々の大学の教授、・学長を歴任、国連事務次長まで勤め上げた。さらに新渡戸は、台湾農業、台湾砂糖産業の父であり、日本の「農学者、教育者、倫理哲学者」でもある。

台湾時代の話では、前述の台湾総督府の

民政長官となった同郷の後藤新平より明治三十二（一八九九）年に招聘をうけ、民政局殖産局長、台湾糖務局長となり、台湾における糖業発展の基礎を築くことに貢献した。

その後アメリカで日本理解のための講義も行い帰国後、拓殖大学学監、東京女子大学学長等を歴任し、津田塾でも顧問を務めた。

大正九年（一九二〇）の国際連

新渡戸稲造記念館（花巻）

盟設立に際しては、事務次長に選ばれ、その後「国際連盟の規約に英語で書いた人種的差別撤廃提案」をして過半数の支持を集めるも、議長を務めたアメリカのウィルソン大統領の意向により否決された。その後も七年間事務次長を務め、最後までその責務を果たした。

伊能嘉矩

昭和三年（一九二八）に『台湾文化志』という本が刊行された。これを手掛けた人物が一八六七年、岩手県遠野市生まれの伊能嘉矩という日本の人類学者、民俗学者である。

一九二五年に台湾滞在中に感染したマラリアが再発し五九歳の若さで亡くなったが、そのあとに以前から研究仲間だった柳田國男が、伊能の残した台湾研究の遺稿の出版に力を注ぎ、「台湾文化志」を完成させたと言う。伊能は明治時代においていち早く人類学を学び、特に台湾在住民の研究では膨大な成果を残した。

他にも郷里の岩手県遠野市の歴史・民族・方言の研究にも取り組み、遠野民俗学の先駆者と言われている。

一八九五年、日清戦争の結果、日本に割譲された台湾に渡り台湾総督府雇員となって、一九〇六年まで台湾全土にわたる人類学調査を行っている。その調査結果は「台湾蛮人事情」として台湾総督府民政部文書課から刊行され、謎だらけだった台湾の先住民文化の解明や保護に大きく貢献した。

平成二十九年一月二十一日、遠野市の遠野文化友の会が、伊能嘉矩の功績を学ぶための講座を開き、私も聴講した。

台湾出身で東京在住の伊能の研究家、邱淑珍さんは約一00人の聴講者を前に、次のように述べた。

――伊能の台湾研究の目的は、台湾原住民を研究調査し、統治、教化に貢献することにあった。

伊能は一八九七年（明治三十年）五月から十一月まで、一九二日間、台湾全島の原住民を調査して、アタイヤル族、ヴォヌム族、ツォオ族、ツアリセン族、パイワン族、ブユマ族、アミス族、ペイポ族の八つに分類した。

その結果をまとめた《台湾蕃人事情》は、先住民の全容を明らかにした最初の報告書である。この調査によって伊能の台湾での地位が確立された。

加えて邱さんは、「台湾の民主化の流れの中で、伊能の著書の復刻や翻訳がたくさん増えた。伊能の資料は台湾の人々にとっても、とても貴重なものになっている」とも述べていた。

尚、その会場には伊能嘉矩の孫の伊能邦彦氏（七十五）も入院先の病院から出席され、挨拶されていた。

邱淑珍さんの略歴

台湾高雄市生まれ。一九九六年、東京外国語大学大学院博士課程に在学中、後藤総一郎氏に導かれ伊能嘉矩の研究に目覚める。一九九七年初めて遠野市を訪れた。その後、

「台湾文化志の意義」（一九九八年）

「忘れられた台湾史」（一九九八年）

「伊能嘉矩における人類学への志」（一九九九年）

「台湾研究の先駆者、伊能嘉矩」（二〇〇三年）を発表した。

二〇〇二年博士課程を修了。現在は通訳、翻訳の仕事に携わっている。

世界の幸福のために

この様に台湾の現世代の知識人の方々が、岩手県が生んだ三人の功績を、いまだに忘れないで高く評価されている訳であるから、われわれ岩手県民としてもこの思いを重く受け止め、特に盛岡市、花巻市、奥州市そして遠野市等が連携を取り合って、若い世代を中心に実際に台湾を訪ね、三人の功績の事跡巡りをするなどして、検証、学習を積み重ねながら、独自の日台交流を積極的に推進することが、時宜にかなったアクションであると思うのである。

また、そうすることが、命をかけて台湾のためにつくした三先人に報いる方途のみならず、広く海外交流を志す若い世代を育成する道しるべにもなるのだと思う。

宮沢賢治が希求した真の世界の幸福に資する、新たな岩手の精神風土の醸成が待たれる所以である。

第三章　台南市での鹿踊り

古川精一さんからのファックス

昨年の八月二十四日、東京在住のバリトン歌手として国内外において活躍されている古川精一さん（五十一歳）から次の様なファックスが届いた。

『昨日電話で提案させて頂きました「台湾国際民俗芸術祭」へのご案内です。この祭りは台南市政府が主催して行う民族芸術祭です。各国の伝統民族芸能（舞踏）が招待され市内パレードのほか、舞台上でのパフォーマンスや伝統芸能の紹介などが行われます。

平成二十八年四月二十四日に台湾台南市「奇美博物館」コンサー

トホールにて、奇美博物館主催「中華民国声楽家協会日本芸術歌曲研究会」演奏会にゲスト出演しました。

その際、中華民国声楽家協会常務理事の辛永秀氏および台湾国立成功大学の揚恵郎教授のご紹介で、台南市政府文化局の葉澤山局長、および同局横慕薇氏と台南市がご用意してくださった会見会場「愛国婦人会館」（日本統治時代に日本人が建てた伝統的な日本建築）にて、花巻イーハトーブ大使として会談の機会のご提供を受けました。その時、岩手県および花巻市の伝統民族芸能の台南市民族芸術祭へのご招待仲介の依頼を受けました。

この度は急な連絡にも関らず、早速『春日流八幡鹿踊』の皆さんにご連絡をとって頂きご快諾頂き誠にありがとうございました。さすが板垣さんのご人脈、地元の信頼関係は素晴らしいと感銘を受けました。早速、台南文化局に連絡をとって諸事進めて参りたいと思います——』

台南市政府提供の旅程

費用の一切は台南市政府文化局負担という破格の条件である。十月十三日、花巻市よりバスで成田空港着。チャイナ・エアラインにて十四時五十五分成田空港出発、十五時五十五分、高雄空港到着。十月十六日九時三〇分、高雄空港出発、十三時五十五分成田空港到着。同十四時、バスにて空港出発、花巻市に到着後解散。

鹿踊り一行の台南市での日程

初日（十月十四日）

ＡＭ九時三〇分～十時四五分

飛虎将軍廟にて参拝・奉納舞

ＡＭ十一時三〇分～十二時

総爺国際芸術祭文化センターで演舞

ＰＭ一三時～一三時五〇分

麻豆小学校校庭で演舞

ＰＭ十四時～一五時三十分

奇美博物館にて許文龍会長と接見見学
ＰＭ一六時一五分～一七時
延平郡王祠（鄭成功神社）で奉納演舞
ＰＭ一九時～一九時二〇分
　台南文化センターで交流演舞

二日目（十月十五日）
ＡＭ十時三〇分～十時四五分
　お練祭イベント会場にてリハーサル
ＡＭ十一時～十一時四五分
　新栄鉄道文化圏区見学
ＰＭ一五時一〇分～一五時四〇分

お練祭イベント出演
PM一七時四〇分～一八時三〇分
永都美術館にて夕食
PM一八時四〇分～一九時五〇分
本番出演及び国際民族フェスティバル見学

台南市長（頼清徳氏）の挨拶

一つの都市の霊魂は近代的な建築物の中にではなく、昔からの伝統文化の中に存在します。国境は今や垣根が取り払われ、地球（世界）は、昔より平坦に、そしてより近くなっています。文明や文化は融合し、人々の善意を引き起こすだけでなく、進歩と発展を促してくれるものです。

台湾に第一番目に設立された初代都市である台南市は、そのDNAの中に文化を引き継いでおり、それは、台南国際民族芸能祭によって明らかに実証されることでしょう。

一九九六年に初めて開催されて以来、この芸能祭は台南と世界の間のへだたりに橋を架け、活力と元気を生み出してきました。

民族舞踊と無形文化遺産の保護と促進が台南市の使命であります。

この祭りは台湾における民族芸能の唯一最大の、歴史的な国際芸術祭であります。第一回目の祭りから二十年を迎え、二十歳とは青春の真っ盛りであります。

台南市は文化と芸術の饗宴に参加される皆様を心から歓迎いたします。二〇一六年、台南国際芸能祭は、十六カ国の二十七団体が共に集まり、三十の世界的な民族芸術が大台南の二十一カ所の地区で繰り広げられます。それらの演技の中には、十三年前に台南で公演されユネスコ世界文化遺産に登録されている、日本のもっとも古典的な鬼太鼓、インドネシアの千手舞、韓国の農舞、スロバキアの新兵舞などがあります。

九日間昼夜、国境や言葉の垣根を越えて、演技者の皆様は優雅な踊り（ボディランゲージ）を通して、世界は一つであることを示してくださいます。二十という数字は単に時間を指すのではなく、台南国際芸能祭に参加したすべての演技者によって繰り広げられた、情熱と強いきずなを意味します。

十日間という短い出会いの中で、遠方から来られた友人の皆様、主催者の方々、そして市民の皆様が貴重な友情をはぐくみ、文化やリズムに対する情熱を分かち合うことにより、お互いを理解することになるでしょう。台南市の人々にとって、この祭りは、世界のビートに合わせて踊るチャンスにもなります。

「世界に台南を、台南を世界に」は、スローガンではありません。台南国際民族芸能祭で演技される一場一場は、美しい感動的な演技で終わることでしょう。台南市の心の扉へ、そして、丹念に創り上げられたこの世界に、皆様を心から歓迎いたします。

（二〇一六年台南国際民俗芸術祭　公式パンフレットより）

台南国際民俗芸術祭参加国

日本六団体

（一）台南市国際友好都市仙台市　柳生祭連　雀踊り

（二）熊本県八千代市　秀岳館高校　雅太鼓

（三）和太鼓集団　鬼太鼓座

（四）岩手県花巻市石鳥谷町　春日流八幡鹿踊り

（五）愛媛県宇和島市　八ツ鹿踊り

（六）東京都指定無形文化財　江戸太神楽

ガーナ共和国

アフリカンダンス協会

インドネシア二団体
（一）Gantari Gita Khatulistiwa
舞踊団
（二）Rampoe UGM 舞踊団
韓国
平澤市立農楽団
モンゴル
ウランバートルアンサンブル
イスラエル
Havazalot Netanya 舞踊団
トルコ共和国

Bursa Tahtakiran 剣盾舞協会

ロシア連邦

Devchata of Orekhovo-Zuevo 民族舞踊団

ブルガリア

SOFISTIK-JIVO 舞踏団

イタリア

Gruppo Folklorico Pro Loco di Castrovillari 民族舞踊団

チェコ

Rosenka Folklore Group　民族舞踊団

スロバキア　Universiti Folklore Ensemble Mladost

大学青年民族舞楽団

ポーランド

Folklore Dance Ensemble Poligrodzianie of Poznan Univercity of Technology 工科大学民族舞踊団

メキシコ

Companiade Danz aTicuan 舞踊団

フィリピン共和国

Kahayag Dance Company 舞踏団

台湾

原住民洄瀾舞集　他十二団体

（二〇一六　台南国際民俗芸術祭　公式パンフレットより）

鹿踊り演舞

前述の通りの日程で台南各地で演舞した我が春日流八幡鹿踊りの八人（男性五名・女性三名）の若い踊り手は台南市民にはどのように映ったのであろうか。

このことに多大な関心を抱いてた私はいつも舞台を前にして観客席の前列に居ったが、演舞が始まるや後ろの観客席全体を見渡してその表情に注目した。

するとどの観光客も目を丸くして終始踊りに釘付けになっていた。

そして二〇分位の演舞が終わり、壇上から舞い手が素顔を見せ笑って会釈をしたら、大拍手が沸き起こった。このことは躍動的な日本の鹿踊が現地の人々からすれば、すごくエキゾチックに見えたためかも知れない。

演舞した踊り手達も十月なのに三十二度という台湾の夏日も手伝って一日に何回もの演技は疲労もはげしかったはずであるが、観客の温かい拍手が肌に受けとめられ踊りに力が入ったのだと思う。

後日、古川精一さんに対して、台南政府当局者が素晴らしい鹿踊であったと賞讃し出演者に感謝して居られた、とのメッセージがあったとのことである。

奇美博物館について

十月十四日午後一四～一五時三十分、私達は、古川精一さんの紹介を受けて、奇美博物館を訪ね許文龍会長と接見、見学をした。

※ 奇美博物館のパンフレットには次の様な説明がなされていた。

『奇美博物館は奇美グループ創業者である許文龍が、幼少期から老年に至まで八十年に亘って抱き続けた夢を実現したものです。

許氏は幼ない頃、台南州立教育博物館へ見学に行く事がありました。幼心に受けた深い感動は文化的な種となって根付き、自分の家のようにいつでも帰って心の饗宴を享受できる、大衆の為の博物館をいつか建てたいと願うようになりました。やがてプラスチック素材の事業が安定した後、まず個人的に美術品コレクションの蒐集を始めました。後に基金会が設立されるとともに、奇美事業のサポートを受けて一九九二年に奇美博物館が創立され、奇美事業仁徳工場内において二十年あまり無料開放による運営が行われました。更に奇美博物館が誇る所蔵品をよりよい状態で保存、展示するため、十数年もの努力を経て新たに移設先を見つけ、遂には現在の博物館の姿である美しい西洋建築が建てられました。創業者である許氏は「こ

奇美博物館

の博物館が永久に大衆のために在ること」を願いました。』

尚、花巻市の新渡戸記念館には、許文龍氏手作りの稲造の胸像がある。

古川精一さんは平成二十八年四月二十四日、台南奇美博物館コンサートホールにて奇美博物館主催「中華民国声楽家協会日本芸術歌曲研究会」演奏会にゲスト出演した。その際に、許文龍氏が舞台に

奇美博物館で許文龍氏を囲んで

登壇され、自ら指揮をして舞台上の古川精一さんと台湾出演者一同に台湾で最も知られた曲「望春風」を歌わせ、続いて忘れ得ぬ曲として「仰げば尊し」を氏自らリクエストして、日本語で歌わせた。

許文龍氏の指揮は音楽性に富み、ダイナミックを豊かに表現した演奏が終わると、許文龍氏はマイクを握りしっかりとした日本語で次の様に述べられて古川精一さんに両手で握手を求めた。

「戦後の台湾の発展は五十年の日本教育のおかげです。どうもありがとう」

古川さんはその氏のまなざしと握る掌の力強さに、台湾と日本両国の歴史の真の姿と絆を見た気がした、と語る。

古川さんの台南でのご活躍の甲斐もあり、私共一行は許文龍氏にお会いし一緒に写真に納まった。

そして、約一時間半ばかりの時間、古川氏が紹介してくれた同館長秘書室の曾玉婷氏の直接のご案内により博物館を見学した。その規模といい、収蔵品の種類といい、本書では到底書き尽くせない。百聞は一見しかず、まずは行ってご覧になって欲しいものだ。

尚、この博物館は世界最大の楽器博物館としてギネス登録されている。

許文龍氏のプロフィール

台湾奇美実業会長。日本植民地時代の一九二八年、台南市生まれ。

台湾省立台南高級工業学校卒。従業員二〜三人の玩具日用雑貨の製造から始め、今や台湾のトップ企業で、家電や自動車部品などに使われるＡＢＳ樹脂の生産では世界最大のメーカーに成長。一九八〇年に従業員持株制、一九八七年には台湾初の週休二日制を導入するなど先進的な企業経営を実践している。

一九九六年からは李登輝前総統の国策顧問に就き政府行革に尽力した。「今日これだけ繁栄した台湾にとっての最大の功労者は後藤新平」と語り、自ら胸像を制作するなど積極的な顕彰活動を続ける。「日本人ほど良心的な植民地政策を取った国はない。日本人よ、もっと自信をもって！」とエールを送る。

（岩手県奥州市後藤新平記念館公式パンフレットより）

第四章　神様として日本人を祀る「飛虎将軍廟」

神様として日本人を祀る［飛虎将軍廟］

台南市の北西五キロの郊外にある「鎮安堂・飛虎将軍廟」の前庭で、石鳥谷八幡鹿踊りの奉納舞をして廟の関係者に大変喜ばれた。八幡鹿踊りの一行は、その飛虎将軍廟に祀られている杉浦茂峰零戦パイロットについて、多大な関心を寄せた。

備え付けのパンフレットの内容以外に、私は何としても杉浦について知りたくなり帰国後間もなく、水戸市を訪ね、飛虎将軍廟・日本水戸在住顧問の藤田さんに教えを乞うた。

杉浦茂峰は大正十二年十一月九日、茨城県水戸市に杉浦萬之助、たねの三男として生まれた。

水戸市の五軒尋常小学校を卒業後、三の丸高等小学校で学んだ。その昔水戸藩には弘道館という徳川斉昭（烈公）が天保十二年（一八四二）に創立した、明治維新まで続いた藩の学校があった。それは西洋列強の激しいアジア侵略が我が国に及ぼうとする時、停滞した社会、行き詰まった政治を打開して国家の存立を全うし、光栄ある発展を成し遂げるためには、何よりも真の日本人を育成する教育が必要であるとの信念に基づいて作られたものであった。

広大な敷地に教場が設けられ、十五歳の若者たちが多数教練を施された場所であった。そうした教育民度の極めて高い風土に杉浦は生まれ育ち、愛国心を満身に込め、志願して海軍飛行予科練習生になった。

杉浦茂峰は賢い少年だった。海軍飛行予科練習生は全国から選抜された十四歳半から十七歳までの少年航空兵たちだ。予科練は昭和五年に、若いうちから基礎訓練を行い熟練の搭乗員を育てようという目的で海軍によってつくられた。

一次試験は身体検査と学力テスト、二次試験は適性検査と面接。優秀なものだけが合格する狭き門を杉浦は見事突破し、予科練生となった。

飛虎将軍　鎮安堂

初めて軍服を着たときは嬉しかったが、予科練の教育は想像以上に厳しかった。

航空隊のトップは言うまでもなく、司令、その下に副長。直接指導に当たるのは分隊長以下、分隊士、班長、教員で、一分隊は一班二十五名の十個班で形成される。

予科練の朝は早い。午前五時、ラッパのあとの「総員起こし、総員吊床おさめ」から始まり、夜は九時の就寝まで分刻みの日課がびっしり詰まっている。体操、水泳、ラグビー、柔道、相撲、マラソン、さまざまな種目で身体を鍛える一方、航海術、航空術、通信術、整備術などの軍事学、国語、英語、数学、化学物理学の普通学も勉強する。それも大学で勉強するような高度な内容だ。

しょっちゅう試験があって班の中にできない者がひとりでもいると、連帯責任を取らされ、精神棒という太い棒で全員お尻を叩かれることもあった。

気合が足りない、姿勢が悪い、動作が遅い、弱音を吐くな。攻撃精神、敢闘精神、負けじ魂、スマートさ、几帳面さ、迅速さ、海軍精神に少しでも欠けた態度を見せると徹底的にしごかれた。「股を半歩開け、歯をくいしばれ」と命令後、教員にこぶしで思い切りあごを殴られる。他にもあらゆる罰則で予科練魂を叩きこまれた。

夕飯の後の予習の時間は、復習や精神訓話などに当てられたが、その時間には疲れて眠気が襲ってくる。最後の五省（五つの訓戒）を誓唱し、寝具の用意、消灯となる。そうするうちに海軍式敬礼が板につき、「五分前の精神」に慣れ、吊床をすばやく収納できるようになる。

日曜には上陸（外出）し、「倶楽部」という指定された民家でつかの間の休息を楽しむ。つらいこともあったが予科練時代は間違いなく杉浦の青春時代だった。

最初、横須賀海軍航空隊内にあった予科練は、昭和十四年に

杉浦の乗った零戦と同型機

東洋一の航空基地と言われた茨城・霞ヶ浦海軍航空隊に移された。

杉浦の憧れはもちろん山本五十六連合艦隊司令官だ。在任は一年三カ月の頃だろうか、大佐時代にこの霞ヶ浦航空隊で副長兼航空学校教頭を務めていたことがある。

「一つ、軍人は忠節を尽くすを本分とすべし。一つ、軍人は武勇を尊ぶべし。一つ、軍人は信義を重んずべし。一つ、軍人は質素をむねとすべし――」

錬成の精神の賜物で、身も心も軍人らしくなっていく。地上練習機は操縦桿と踏み棒だけの前へ進まない軽飛行機で鳩ぽっぽと呼ばれていた。予科練で飛行機に乗ることができるのは飛行機の操縦員か通信や航法を行う偵察員か、進路を分ける試験の時のみだ。

杉浦はもちろん操縦員の道を選んだ。卒業後は海軍飛行兵長に昇格し、飛行訓練生、通称飛練となって飛行訓練が始まる。飛行機は骨組みが木でまわりに布がはってある九三式中間練習機、通称あかとんぼと呼ばれていた。

「早く本物にのりたいなあ」零戦か彗星か。同期のみんなで言い合った。六カ月間予科練以上の猛特訓を受け、難しい飛行もできるようになる。杉浦は飛練でも優秀だった。

昭和十六年十二月、ついに太平洋戦争がはじまった。

すでに昭和十二年の南京への渡洋爆撃から予科練出身者が参加しており、ハワイの真珠湾では出撃した約四割が予科練の卒業生だった。

杉浦の誇らしい気持ち、血が沸き立つような高揚感はわかる。日本軍はまたたくまに太平洋の広範な地域を占領した。しかし昭和十七年六月、ミッドウエイ海戦で大損害を受ける。

さらに八月、アメリカ軍のガダルカナル島攻撃から連合軍の反撃が開始され、日本軍は次第に窮迫していく。

予科練を巣立った若者たちは航空機搭乗員として航空戦力の中核を担い、陸上基地から、航空母艦から、潜水艦から飛び立っていき数々の手柄を立てた。

しかし昭和十九年、圧倒的兵力を誇るアメリカ軍に日本軍は各地で敗北を喫し、六月にはサイパンが陥落。日本の負色は濃くなり敵の攻撃はついに日本本土に接近してきた。

昭和十九年十月十二日の午前七時十九分、レイテ島上陸直前、アメリカ海軍空母機動部隊が台湾にある日本の航空基地へ空爆を開始した。世に言う台湾沖空中戦である。

敵戦爆連合大編隊が台南・高雄に向かっている——偵察飛行隊から台南の戦闘指揮所に第一報が入り、高雄の岡山機場に駐留していた杉浦の所属する第二〇一海軍航空隊の零戦隊にもすぐ出撃命令が出た。

大日本帝国の南進基地である高雄はこれまでも頻繁に空爆を受けてきている。海軍航空隊の修理工場が隣接しているこの岡山機場も標的になるだろう。

機は零戦三十二型。二号零戦と言われ、幾多の空戦を戦い抜いてきた中古の機はすでに満身創痍だ。しかし乗れる飛行機が有るだけでも有り難い。戦友達に帽子を振って見送られる中、杉浦は岡山機場を飛び立った。

低く垂れこめていた雲を抜けて見れば空を覆い尽くすような数の敵機だ。来襲した敵機は、グラマンFが約四十機。我が軍の出撃機は台南空軍と高雄空軍と併せて三十機である。

すでにアメリカ海軍との熾烈な航空戦が始まっていた。陣形は乱れ、敵味方入り乱れの激しい空戦が続く。戦いは台南上空。

日本軍も奮闘しているが、数に勝るアメリカ機群に味方機が一機また一機と撃墜されていった。

この空中戦を目撃した人の話によれば、ある一機の零戦も敢闘していたが、無念にも被弾して尾翼より発火した。そのパイロットは近くの集落をめがけて急降下したが、その下には「海尾寮」という大集落があった。

「今、落下傘で飛び降りたら自分は助かるかもしれないが、何百戸という家屋は火事になってしまう」こう判断したその零戦のパイロットは、すぐに機首を掲げて上昇の姿勢に移り、集落の東側（同安路一帯、当時は畑と養殖池）に向かって飛び去った。

零戦は間もなく空中で爆発したが、パイロットは落下傘で脱出した。しかし不幸にもその落下傘がグラマンの機銃掃射を浴び、パイロットは仰向けの状態で畑に（飛虎将軍廟附近）に落ちて戦死した。軍靴に「杉浦」と書かれていた。

その後、元、第二〇一海軍航空分隊長、森山敏夫大尉により、そのパイロットは「杉浦茂峰」と判明した。

終戦（一九四五）後、何年か経ち、集落の人が白い帽子をかぶり、白い服を着た人物が常に養殖池付近を徘徊するのを目撃した。最初は闇夜に紛れ、魚を盗みに来たものと思い、追いかけていくが姿を消し、これは尋常なことではないと気づいた。

その後、この怪奇現象を見たものが増え、ある者は夢に出てきたと話し、このような話が至る所で起こり、人々は恐怖に慄いた。

海尾朝皇宮の神〝保生大帝〟にお尋ねしたら、戦時中の戦死者の亡霊だということである。

その後、集落の人たちは、この亡霊は戦時中集落を戦火から救う

飛虎将軍廟のパンフレットから

ために、自分の身命を犠牲にした飛行士ではないかと判断し、集落の恩人に感謝の念を捧げる方式を討論し、台湾人が謝恩の最高な表現、つまり祠を建てて永久に海軍航空隊杉浦茂峰少尉の恩を顕彰することに決定した。

一九七一年祠が建設された。祠は小さいながらも（敷地は四坪ほど）集落の人々の尊崇を集め、毎日遠近から参拝者が多く、特に日本からの参詣者も年中絶えない。

一九九三年、朝皇宮管理委員会の提案で、四坪の小さい祠を再建することになる。多くの信者の協力によって再建された廟は敷地五十坪、台湾風のきらびやかな造り、朱色の屋根瓦、それを支える柱は大理石の豪華なもの。大理石の壁には有名な歴史物語の絵が彫られている。床もイタリア産の大理石。これらすべては、信者の奉献であった。

正殿には本尊［杉浦茂峰］の神像が安置。廟守は朝夕二回、煙草を三本点火して神像に捧げ、朝は日本国歌［君が代］、午後には軍歌［海ゆかば］を流す。供卓の両側には中華民国と日本の国旗が立ててある。

なお杉浦茂峰が生まれ育った水戸市には、徳川斉昭公がお百姓さんを思い詠まれた和歌がある。

朝な夕な飯食《いいく》ふごとにわすれじな
めぐまぬたみにめぐまるる身は

（水戸の農人形プロジェクトより転載）

斉昭公はお百姓さんを乳母《めのと》と思い、自分を育ててくれているお百姓さんに感謝し、食事ごとに一箸のご飯を農人形にお供えし感謝の気持ちを忘れなかったそうである。

そして、そのお供えしたご飯を「もったいない」と思った吉原という奥女中が、そのご飯を煎り直し、水飴、きなこをまぶしてお菓子として作り直したのが、現在の水戸銘菓・吉原殿中といわれている。

戦前の水戸の家々には、木彫りの農人形が置かれ、どこの家でもお百姓さんに感謝することを忘れなかったといわれている。

残念なことに戦災で農人形が失われ、徐々にその精神は忘れ去られようとしている。

私達は、その徳川斉昭公の精神を忘れることなく伝えていくために、農人形精神復活運動として、農人形を広めていく活動をしている。
安心・安全な農作物を作って下さるお百姓さんに感謝し、そして食べるものを粗末にしない気持ちを持ち続けたいものだ。

水戸九代藩主 徳川斉昭公の

水戸の 農人形

水戸の心を大切に
お百姓さんに感謝しよう
食べ物を大切にしよう

illustrated by JAグループ茨城

黄門様（水戸光圀公）と徳川斉昭公をお祀りする常磐神社（偕楽園となり）にある農人形像

石川県出身の八田與一技師

台湾で神様になった日本人は杉浦ばかりではない。「台湾農業の父、ダムの父」として慕われている、石川県金沢市出身の八田與一技師もその一人である。

八田は一九一〇年、大学を卒業して二十四歳の年に台湾に渡り、一九三〇年に当時東洋一と言われた「烏山頭ダム」を完成させた人物である。このダムの完成により香川県ほどの広大な不毛の台地が、

緑豊かな穀倉地帯に変わり、それまでの台湾の長年の懸案であった、水利問題が解決するに至ったのである。

地元民は八田技師の恩を末長く語り継ぐため、銅像、記念館、廟、墓などを建て、五月八日の八田の命日には毎年欠かさず嘉南の人々により祭りが催され供養が手向けられている。

このほかにも嘉義の富安宮に祀られている森川清治郎巡査や、台湾仏教の聖地、獅頭山勧化堂に祀られている廣枝音右衛門隊長など、いまだに台湾の人々から慕われている日本人がいる。

熊本県ゆかりの坂井徳章弁護士の殉死

一九四五年の日本の敗戦で、台湾は中国本土からやってきた国民党の支配下におかれた頃、新たなる支配者の横暴から台湾人を守るために台南市南区の区長に就いた男がいた。その男の氏名は坂井徳章、台湾名、湯徳章弁護士である。彼は熊本県生まれの坂井徳蔵と台湾人の湯王の長男である。

この坂井徳章弁護士は一九四七年二月二十八日、台北で起こった二・二八事件という暴動で、台南監獄で拷問され吊り上げられあばら骨を折られた末に、三月十三日、台南市の「民生緑園」で《台湾人万歳》と叫びながら銃殺刑に処された。

それから歳月が流れた二〇一四年三月十三日、台南市の頼清徳市長は坂井徳章の「命日」にあたるこの日を、台南市の「正義と勇気の記念日」に制定することを発表した。

頼清徳市長は「私は日本人の方に二・二八事件のことと坂井徳章先生のことをしっかり知ってほしいと思います。そして台湾と日本

の感情がもっともっと深くつながることを期待しています。一九九八年には当時の張台市長が、坂井徳章先生の銅像をつくりました。」と述べた。これは台湾で「英雄」になった若き日本人の

物語である。

今日の台湾に於ける二十代、三十代を中心とする「懐日ブーム」「親日ブーム」に大きく貢献した人々の一人が坂井徳章なのである。

第五章　飛虎将軍の出身地、水戸市

飛虎将軍廟について

日本水戸市在住顧問　藤田和久氏の寄稿

台湾で神と祀られている日本人がいる。その事実を知ったとき、私はものすごい衝撃を受けた。過去に永いこと茨城県遺族連合会会長の秘書を務めていましたから、戦没者のお話を聞く機会が多かった。ご遺族のご苦労話も数え切れないほど聞かせていただいていた。

しかし、この杉浦茂峰さんの話には衝撃を受けた。その方は私と同じ水戸出身である。すぐに参拝に行かなければ…その日のうちにチケットを予約して台湾へ飛んだ。

台湾の飛虎将軍廟は、思っていたより立派だった。廟守さんは台湾語しかできない方だったが、ある紙を出されてきた。そこにはこう書かれていた。日本語の説明が必要ですか？　はい・いいえと指さすようになっていた。もちろん「はい」を指さした。

十五分ほどで、ある女の方が駆けつけてくれた。この廟の管理委員会に所属する郭秋燕《かくしゅうえん》さんである。管理委員の中で唯一日本語を話す方で、私に詳しく説明をしてくれた。

涙・涙、ただそれだけだった。日本軍人として勇敢に戦い、それでもなお、地元の方々に迷惑をかけない。その死に様に感動したのである。

それから、時間があると台南の飛虎将軍廟を訪ねることが私のライフワークのようになっていった。ある時、管理委員会の男の方からこういわれた。「あなた日本人だろう。だったら少しでも長い時間ここにいてあげなさい。飛虎将軍は、日本から参拝に来てくれることを一番望んでいることなんだよ。少しでも長くいて、飛虎将軍と話してあげなさい」

この言葉に促されるように、飛虎将軍廟通いが続いた。毎月のように通ったこともあった。そのような中で台湾の方に親切にされ、多くの友人もできた。一口に台湾の人は親日的だ！　といわれるが、言葉で言えないほど台湾の人の温かさを肌で感じていった。

そのような中で、私は、水戸市長高橋靖氏に飛虎将軍廟に参拝に行ってくれるようにお願いし続けた。その甲斐あって昨年（二〇一六）二月、水戸の市長はじめ市会議員有志の方や、商工会議所関係者や水戸市遺族会の方などが、団体で参拝に行ってくださった。市長さんも行くに際して、この飛虎将軍の生家がどこだったのか？　学校はどこだったのか？　など詳しく調査してくれた。

　水戸市立五軒尋常小学校・水戸市立三の丸高等小学校卒業ということまで判明した。これまた私にとって衝撃的なことだった。

　私は水戸市立五軒小学校卒業。なんと飛虎将軍こと杉浦茂峰さんは、私の学校の大先輩だったのだ。うれしかった。先輩にこんなすばらしい方がいることに誇りすら感じた。

　そして水戸市長参拝を契機に、飛虎将軍に里帰りをさせようという話が持ち上がった。戦後七十年以上経過して、杉浦さんの望郷への思いも強くなっていると思われた。管理委員会の方から相談を受けた私は、里帰りさせたいというその気持ちを喜んでお受けすることにした。

そして二〇一六年（平成二十八年）、丁度日本のお彼岸に当たる九月二十一日、飛虎将軍一行は杉浦さんのご神像を携えて、見事、里帰りを果たされた。

ここで一つのエピソードをご紹介したい。ご神像里帰りに際して、ある航空会社は、そのご神像を荷物として預けてほしいと言ったらしい。それに激怒した呉進池管理委員会会長は「神様をなんと思っているんだ。荷物としてなんか預けることはできない」

あちこちの航空会社と折衝を重ね、お一人の人間として座席に座って運んでくれる航空会社を見つけ出したのである。もちろん一人分の航空運賃を払ってまでそうした。管理委員会の方々の飛虎将軍への思いは、それほど熱いものであったのである。

その皆さんの里帰りの段取りの中で、私は胃の痛くなるような毎日を送り、飛虎将軍に失礼のないように準備を重ねた。

水戸到着翌日には、茨城県護国神社に於いて慰霊祭を斎行。ここ護国神社には英霊として杉浦さんも合祀されている。

そして午後からは御神輿渡御。これには、水戸お神輿連合会顧問の袴塚孝雄市会議員のご尽力が大きかった。水戸市内にある御神輿会すべてに声をかけて下さり、故郷の英雄をお神輿に乗せて渡御しようと、水戸の男たちの心意気に訴えたのである。

当日は二百人もの担ぎ手が集まってくれた。当日はあいにくの雨模様。予定していた渡御のコースの短縮も検討されたが、水戸の男たちはこう言った。「この雨は杉浦さんの涙雨。だったら、水戸の男の心意気を見せよう。コース短縮なんてくそ食らえ！」

みごと、雨の中を予定通り渡御してくれたのである。

杉浦さんの卒業された五軒小学校跡地は、現在水戸市の芸術館になっている。そこからスタートして、杉浦さんの生家跡まで、水戸の男の誠の心で見事なお神輿渡御であった。

そしてその夜には、歓迎レセプション。これまたすばらしかった。水戸市内の政財界の代表や、日本全国から集まってくれた飛虎将軍ファンの皆さん。飛虎将軍も故郷に錦を飾り喜んでくれたことと思う。

そして水戸での最終日。飛虎将軍は母校を訪ねた。水戸市立五軒小学校・三の丸小学校とともに全校を挙げての大歓迎。母校の先輩に誇りを感じてくれたことと思います。

そしてその後は、杉浦さんのお母さんの出身地、水戸の隣町那珂市を訪問。那珂市の御婦人たちの手料理でおもてなしを受け、おそらく杉浦さんもお袋の味を思い出したことと思う。

翌日一行は、常磐線特急列車で東京に向かった。そこでまた信じられないことが起きたのである。一行に同行していたWEB製作会社の大川原氏が、その常磐線の中で、土浦をすぎたあたりで「この近くが飛虎将軍が出られた予科練があったところです」と説明していたら、なんと、そのとたんに特急列車が緊急停車。大川原氏は鳥肌が立ったという。飛虎将軍は訓練を受けた予科練によりたかったんだ…そう思ったのである。実際には、常磐線で踏切事故があっての緊急停車だったらしいが。

《最後に》

杉浦さんの通った水戸市立三の丸高等小学校は、水戸藩の藩校「弘道館」の敷地内にある。小学校当時「水戸の心・水戸学」をたたき込まれたことと思う。水戸の心すなわち［誠］である。ゼロ戦が被弾して、自分の命が危なくても、台湾の方々に迷惑をかけない…水戸の心で考えれば当然のことと思う。飛虎将軍は廟の中でこう言っているとと思う。「俺はたいしたことはしていないよ。軍人として当然のことをしただけだよ」と私にはそれが聞こえる。

そのような一軍人にスポットを当て、手厚くお祀りしてくださっている地元の方々への感謝の気持ちは、誰よりも飛虎将軍が感じていることと思う。

日本統治時代を知らない世代の方が、どこかに流れている台湾人のアイデンテティの表現として、日本人を大事にしてくださっている。その思いに、私達は答えていかなければならないのである。領土主義、覇権主義のお隣の国に負けないためにも、日本と台湾は手を携えていかなければならないのだ。

皆さんにも、台湾を訪れてそれを感じていただきたい。そう願っている。

最後に、私の拙文に掲載の機会を与えていただいた板垣寛さんに感謝の気持ちを表しながら、筆を置きたいと思います。最後までお読みいただきありがとうございました。

二〇一七年二月

[飛虎将軍廟] 前庭で鹿踊りを奉納舞

もともと、台南市政府が示した行程表にはなかったが、せっかく花巻の伝統奉納舞踊の鹿踊りが台湾に行くのだから震災支援への感謝の念を込めて、古川精一さんが、どこか台湾の神様に花巻の伝統舞踊を奉納したらよかろうと、国立清華大学助教授（中国文学）の鍋島亜朱華氏に相談をもちかけ、提言を受けて、特別に奉納舞を組み入れてもらった。

十月十四日の朝、日程表により私たちはバスで「飛虎将軍廟」に到着した。そして飛虎将軍廟の管理委員会の呉進池会長や鄭秋燕さ

廟前にて

呉進池氏（右から２人目）・郭秋燕氏（右）・古川精一氏（右から3人目）・玉山会長（左）・筆者（左から２人目）

んの出迎えを受け鹿踊りを奉納した。
そして、皆で〝君が代〟を歌い、続いて古川さんが〝海ゆかば〟を力強く独唱して、居合わせた現地の人々に大きな感動を与えた。これはこの廟における、朝は「君が代」、午後には「海ゆかば」が毎日献歌されることに基づいたイベントであった。

台湾公演参加者名簿

一　玉山　克巳……七十二歳
二　藤原　敏也……五十五歳
三　藤原　　理……四十歳
四　平澤　正成……三十八歳

線に乗り、十一時半頃に水戸駅の改札口で出迎えてくれていた藤田さんに初対面できた。

　藤田さんは平成二十三年末に偶然インターネットで台湾における飛虎将軍の存在を知り、「こんな立派な方が水戸市に居たのか」「水戸の人達にも知ってもらいたい」と高橋水戸市長に訪台を依頼したら二十八年の二月、市長は訪台、現地の関係者達から「ぜひ、飛虎将軍を里帰りさせたい」と言われた。七十年以上の時を経て飛虎将軍の神像が出身地の水戸市に里帰りした。杉浦の神像は軍刀を持って坐った姿の高さ三十センチの木像。昨年平成二十八年九月二十一日朝、祭壇からケースに移され、関係者二十五人と共に高雄空港から成田空港に向かった。主神が廟の外に出るのは初めてで、中華航空は神像のために座席の手配に応じた。

同日中に水戸市に到着、二十二日に護国陣社で慰霊祭が行われた。そして、「水戸神輿連合会」のメンバー達と共に市内を歩いた。

台湾の飛虎将軍廟の管理委員会の呉進池会長は「飛虎将軍も里帰りしたかったと思いますので感動している。これからも水

杉浦茂峰の生家跡地

戸市と台南市との交流を続けたい」と話したという。

さて、水戸駅で藤田さんはご自身の車に私を乗せてまず今は県信組合農林水産部ビル（同市五軒町々）になっている杉浦茂峰の生家跡地や杉浦が少年の頃通った三の丸小や五軒小を案内して下さり、その近くの水戸藩、弘道館の内部をつぶさに見学させて頂いた。

近くのレストランで昼食をとった後に藤田さんのご自宅にお邪魔した。藤田さんはかつては国会議員秘書を務められた方なそうであるが、現在は印章店を営まれながら「台湾の台南鎮安堂飛虎将軍水戸駐在顧問」を務められている。

藤田さんと親しくなれて私は本当にラッキーであった。

二枚のＤＶＤと三冊の本

藤田さんは私の帰り際に沢山のお土産と一緒に二枚のＤＶＤをくれた。

家に帰ってすぐ再生して見たら一枚目は二〇一六年九月二十七日（火）に放映した羽鳥慎一のモーニングショーの「台湾で神様になった日本人」と言うタイトルのＤＶＤであった。

放映のシーンは理容店を営んでいる店主が最近客足が少ないので杉浦将軍を祀っている廟に行って拝んだら繁盛するようになった、とか、宝くじに当たって欲しいと思って拝んだら当選番号のお告げがあった、とか、体調の優れない人が願をかけたら快方に向かった、とか、時計を無くした人が拝んだら見つかった、等で杉浦将軍にお願いすれば何でも願いが叶うので、今では一万人以上の熱心な信者達が居り、お賽銭は潤沢であるというシーンが収められている。この様に今では杉浦将軍は台湾の人々の心の支え、後利益神になっているという物語であった。

また、台南の小学校には「最後まで人々の幸せの為に努力した神様」として崇められている杉浦将軍をまんが風に描いた教科書があり、更には日本の童謡歌の「赤トンボ」のメロディーで歌っている「杉浦マイ・ヒーロー」と言う歌本もあり合唱されているという。

将軍廟の神棚の中央には軍帽を被った木像があり、その両脇には分身の像があるが、その分身像は地域の結婚式の会場にも持ち出される縁起物になっていると言うことだ。

二枚目のＤＶＤは茨城新聞ニュースが平成二十八年の九月二十二日に台湾から水戸市に里帰りした飛虎将軍が多くの水戸市民が沿道を埋める中を若者達が担ぐ神輿に乗って小雨降る市内をねり歩く場面が映っていた。高橋水戸市長は「将軍の里帰りを盛大にお祝いすることで水戸市と台南市の交流が今後益々盛んになると思う」と挨拶され、また、飛虎将軍と一緒に来られた台湾の関係者の方々も「里帰りが叶い、水戸市民の方々にこんなに歓迎されている飛虎将軍が一番嬉しかったに違いありません。これからも両市が交流を盛んに致しましょう」と述べられていた。

三冊の本

後日、藤田さんは、

・李久惟著「日本人に隠された真実の台湾史」……ヒカルランド

・豊田美加著「台南の空ゆかば」……ワニブックス

・片倉佳央著「台湾に生きている日本」……祥伝社

の三冊を購入して私に送ってくれた。従って今回の執筆にあたって大変参考になったことは言うまでもない。藤田さんに感謝する次第である。

予科練平和記念館を見学

藤田さんとお別れしたのは午後三時少し前、私は土浦駅に降りて、またとない機会であると思って阿見町の予科練平和記念館を見学した。

予科練は杉浦茂峰零戦パイロットもかつて練成を受けた海軍航空隊の聖地であった。

第一次世界大戦以降、欧米列強に遅れまいとした旧海軍が昭和五年から航空機搭乗員の養成を開始した。十四歳から十七歳までの少年を全国から集め、選抜試験を実施し、終戦までの十五年間で約二十四万人が入隊し、うち二万四千人程が戦地に赴いた。その中には特別攻撃隊として出撃したものも多く、戦死者は八割の約一万九千人にのぼった。

予科練平和記念館では予科練の制服である「七つ釦」をモチーフに入隊、訓練、心情、飛翔、交流、窮迫、特攻の七つの空間から構成された常設展示室と様々な交流活動を展開する

予科練の碑

「二十世紀ホール」や館の収蔵資料などを閲覧する場所もあった。

七つ釦は世界の七大洋を表したもので、予科練志望者達のあこがれの制服であった。

当時の少年達の心を煽り立てた歌がある。西条八十作詞、古関裕而作曲の「若鷲の歌」である。別名予科練の歌だ。

昭和十八年、霧島昇の歌声でラジオの電波に乗って一世を風靡したものである。

私も小学生時代軍国教育を受け、愛国少年に育てられ、しかも「予科練入らないか、予科練はとても楽しい所だよ」などと教室の授業時間に割り込んで来て純真無知な生徒達を戦地に駆り立てるための説明軍人が来校したことを覚えている。そして、「俺も必ず予科練に合格して飛行機乗りになりたい」と憧れたものだ。先の「若鷲の歌」はその頃に流行した軍歌であったので今でも歌える。

一、若い血潮の予科練の
七つボタンは桜に錨
今日も飛ぶ飛ぶ霞が浦にゃ
でっかい希望の雲が湧く

二、燃える元気な予科練の
腕はくろがね心は火玉
さっと巣立てば荒海越えて

行くぞ敵陣なぐり込み

三、仰ぐ先輩予科練の
手柄聞くたび血潮が疼く
ぐんと練れ練れ攻撃精神
大和魂にや敵はない

ところで平和記念館では「阿見と予科練」という分厚い本を売っていたので一冊買い求めた。

この本には地元阿見町の予科練にまつわる具体的で生々しい当時の出来事が述べられていた。

藤田さん花巻市を来訪

前述した様に私は平成二十八年十一月十二日零戦パイロットの故杉浦茂峰の出身地水戸市を訪ね藤田さんにお会いした。それは台湾において日本人が神様として祀られている『飛虎将軍廟』に衝撃を受け、私なりにそのドキュメントをまとめてみたいのでご指導あお

新渡戸稲造記念館を訪問した藤田和久氏

ぐ為であった。

その数日後に素稿を藤田さんに送ったら十二月一日にその素稿をもって藤田さんが花巻に来訪された。

そこで折角のチャンスだと思って花巻交流会館で八幡鹿踊保存会の玉山会長、藤原敏也君、似内翔太君の三人にも同席して貰い「飛虎将軍」のことや台湾のことなど話がはずんだ。その話し合いの中で藤田さんは「水戸市の護国神社でいつか鹿踊をやっていただければ嬉しい」などと話がはずんだ。

その後藤田さんには新渡戸稲造記念館、宮澤賢治記念館を案内し、昼食後は拙宅に来られ原稿を返していただきながらお土産をくださり夕方の新幹線で帰られた。

私の叔父は戦時中台湾で特攻隊員

私の母の実家では叔父達三人兄弟が戦地に征き、長男は極寒のシベリアに抑留され病死、次男はニューギニア戦線で長期戦の末、飢えて亡くなった。三男は戦争末期の頃であったが台湾の花蓮や宣蘭の特攻基地に転戦させられた。

そして、昭和二十年（一九四五年）五月四日と九日には、宣蘭の神風特別攻撃隊、一七、一八大義隊が宮古島南方にとび立ったり、同月九日と一三日、一五日、一七日には同忠誠隊が慶良間諸島方面に向かって飛び立った。

その度ごとに叔父は「隊長殿、私は命が惜しくありません。仲間達が飛び立っていくのをただ見ていることは出来ません。私も出撃させて下さい」と言っても叔父には何故か出撃命令が下されなかったと言う。

そうした状況にあった同年六月末頃から現地で日本軍に協力していた台湾の人々が「間もなく日本はこの戦争に負けるよ」と叔父達に、そっと洩らす様になったという。外部から全く何の情報も入らない状況にいた叔父達にすれば、彼等の噂話などすぐは受け入れられなかったという。

同年八月十五日の終戦日を迎えて彼等の言った事が事実であった事が分かったが、あの状況下にあって、台湾の人々が我々に徒党を組んで危害を加えようとする意図が全く見られなかった事に叔父達は驚かされたと言う。敗残兵の身となったのだからどんな仕打ちをされても仕方ないと思っていたのに、台湾の人々は真に日本軍と共に敵軍と戦ってくれた証し以外のなにものでもなかったと言うことだ。

先日、その生き残りの大正十四年八月生まれの叔父（九十一歳）の宅に行き、「飛虎将軍廟」のことを色々聞かせたら、大変感激して台湾の人々のことを日本人はもっともっと温かく理解しながら、いつまでも仲良く交流を深めていかなければならないことを強調していた。

蛇足であるが叔父は復員後、農業をやりながら紫波町議会議長や社会福祉協議会長、それに遺族会会長など町の要職を担い、自治功労者として叙勲の栄に浴し、余生を送っている。

第六章　若者達による親日の牽引

いま、親日を牽引しているのは若者たちだ

若い世代の親日感情はどうなのか、歴史的に親日国として知られている台湾では、若者たちが日本に対して親しみを感じているようだ。

以前は日本からの文化は厳しく規制されていた時代もあったが、今では全面的に解放され、日本からのテレビ番組が自由に見られるようになり、ファッションなど大衆文化、電化製品、日本の流行文化への高い関心が台湾に根づいている。

日本への関心が高いということは、台湾の大学や専門学校で選ぶ

第二外国語として、日本語は不動の一位であることからもわかる。

こうして、台湾を日本が統治した当時、子供時代を過ごした日本を我が母国と思い、今も日本語と日本人の精神（義理、人情、勤勉さ、思いやり）を大切にしている、いわゆる（日本語世代）から若者世代に相伝し親日を牽引しているのである。

しかし、ここでちょっと問題なのは、両国の若者世代がお互い直接のコミュニケーションをとり、共に過ごしたりするという実際的な交流が少ないということを懸念している人もいる。

このことは日本の若者たちにとっても将来的な課題の一つであると言わなければならない。つまり台湾の「親日感」をつなぎとめ、絆を太くしていくためには、日本の側からも文化面や経済活動においても、もっと積極的コミュニケーションが欠かせないということである。そうすることで日本の台湾統治時代、岩手の生んだ後藤新平、新渡戸稲造、伊能嘉矩をはじめ多くの先輩たちが、当時一〇〇年も遅れていた、道路、鉄道、上下水道、送電網、港湾、ダム、通信施設などインフラを整え、学校を作り、全ての島民の教育水準を高め台湾の近代化を促進した歴史的な意義を踏まえ、あらゆる分野で共存共栄を図っていくべきである。

このことに着目して活躍している一例として、前述のバリトン歌手古川精一さんの活動についてもう少し記述したい。

古川精一さんがこれまで手がけた日台友好事業の履歴一覧

●明石会主催台湾返礼コンサート

プロデュースおよび主演。

（平成二十四年十一月十一日　台湾台北市天主教台北聖家堂）

●大槌・山田ミュージックフェスティバル二〇一三

台湾赤十字・ローランド芸術文化財団共催。

台湾ジャズ・クラシック演奏家を招聘。

プロデュースおよび主演。

（平成二十五年三月二十一日　岩手県山田町中央公民館）

●ありがとう台湾・がんばれ東日本慈善演奏会

日台高座会主催。プロデュースおよび主演。

ご出演いただいた台湾ノーベル化学賞李遠哲博士と日本ノーベル化学賞根岸英一博士の二重唱を指導。台湾師範大学幕聲女性合唱団を招聘。

（平成二十六年四月一日　台湾台中市中山堂大ホール）

●第一回花巻国際平和音楽祭

プロデュースおよび主演。

中華民国声楽家協会「日本芸術歌曲研究会」（主宰・辛永秀氏）メンバーを招聘。
（平成二十七年十二月八日　岩手県花巻市なはんプラザCOMZホール）

●第二回花巻国際平和音楽祭

プロデュースおよび主演。
中華民国声楽家協会「日本芸術歌曲研究会」（主宰・辛永秀氏）メンバーを招聘。
（平成二十八年十二月八日　岩手県花巻市なはんプラザCOMZホール）

●第一回大槌国際平和音楽祭

　プロデュースおよび主演。

中華民国声楽家協会「日本芸術歌曲研究会」（主宰・辛永秀氏）メンバーを招聘。

（平成二十九年三月五日　岩手県大槌町城山公園体育館）

古川精一さんのプロフィール

武蔵野音楽大学卒業、同大学院修士課程修了、博士課程単位取得。デンマーク国費留学生としてコペンハーゲン王立音楽院、オランダ・スヴェーリンク音楽院で学ぶ。ドイツ・エッセン市立歌劇場、リューベック市立歌劇場とそれぞれ専属契約し数々のオペラに出演。十二年間の欧州滞在から帰国後、各地で演奏会、リサイタル、オペラに出演。音楽を通じた継続的被災地支援にも取り組んでいる。

慶應義塾大学大学院メディアデザイン研究所リサーチャー、同大学教養研究センター声楽講師、慶應義塾大学非常勤講師、花巻市イーハトーブ大使。岩手県希望郷いわて文化大使。

あとがき

台湾には長い苦難の歴史があった。それにもめげず台湾は「親日家」として知られる。その理由について調べてみると、確かに先人達の足跡がしっかりと刻まれていることが解った。先人達が育てた「台湾の心」を理解する必要が、今こそ求められているのではないか。台湾人がその誇りとアイデンテティを守るために努力してきていることに敬意を表さずにはおれまい。

日本が隣人である台湾をよく理解しながら、共存共栄を図っていくことが、世界平和へと続く道を探るためにに大切なことであると思う。
小著を発行するに当たって、多くの方々からのご支援をいただいた。
☆平成二十八年十月に岩手県花巻市石鳥谷町八幡鹿踊り一行を、台南国際民俗芸術祭および飛虎将軍廟への奉納舞踊をプロデュースしてくれた、岩手県希望郷いわて文化大使のバリトン歌手古川精一様に感謝申し上げなければなりません。
☆うるわしの島台湾でお目にかかり、帰国後もお土産をたびたび送って下さっている、海尾朝皇宮主任委員、兼、飛虎将軍廟管理委員会長の呉進池様は、「飛虎将軍」こと杉浦零戦パイロットを、最も敬愛されている方と見受けられました。日本人として敬意の念でいっぱいである。

☆同じく飛虎将軍廟管理委員の、日升大飯店オーナー郭秋燕様は、日本からの参拝者たちに、流暢な日本語で「飛虎将軍」を解説されておられましたが、その献身的なおもてなしに心から感謝申し上げたい。

☆水戸市在住の藤田和久様は、杉浦零戦パイロットについて親身にご教示下さった。

☆東日本大震災に遭われ、九死に一生を得た、大槌町や山田町の皆さんからの貴重な体験談に感謝したい。

☆奥州市の後藤新平記念館、花巻市の新渡戸稲造記念館、遠野市での伊能嘉矩講演会、それぞれの職員の方々からもご指導いただき感謝したい。

☆本書の初稿の添削に当たっては、高橋秋郊様の御指導を頂いた。

☆本書編集については、㈲ツーワンライフの細矢定雄社長に御尽力いただいた。

平成二十九年陽春　著者記す

参考引用文献

「台湾に生きている日本」……片倉佳史（祥伝社新書）
「台南の空ゆかば」……豊田美加（ワニブックス）
「日本人に隠された真実の台湾史」……李久惟（ヒカルランド）
「台湾之子」……台湾総統陳水扁（毎日新聞社）
「台湾」……アルキカタ・ドット・コム
「汝、ふたつの故国に殉ず」……門田隆将（角川書店）
「台湾」……王育徳（弘文堂）
「世界の紛争・内乱」……関眞興（新人物往来社）

「台湾」……………………伊藤潔（中広新書）
「伊能嘉矩」………………荻野馨（遠野物語研究所）
「後藤新平追想録」………奥州市教育委員会
「後藤新平の仕事」………藤原書店編集部（藤原書店）
「後藤新平伝」……………星亮一（平凡社）
「逆境を超えてゆく者へ」………新渡戸稲造（実業の日本社）
「新渡戸稲造伝」…………石井満（大空社）
「岩手県三賢人の功績」……………國久よしお（角川学芸出版）

板垣　寛　いたがき　ひろし

【著者略歴】

昭和7年2月7日　岩手県花巻市石鳥谷町大瀬川13−21に生まれる
昭和32年3月　岩手大学農学部農学科卒
昭和38年4月　石鳥谷町社会教育委員就任、以来38年間
昭和58年8月　石鳥谷町議会議員に当選、以来5期連続20年間
平成4年7月　有限会社板垣農場を設立
有機質肥料米生産に取り組み主に首都圏に流通販売を展開
平成6年6月11日　宮澤賢治歌碑建立委員長として葛丸ダム湖畔に歌碑「葛丸」を建立
平成6年7月10日　石鳥谷賢治の会初代会長に就任、以来毎年「賢治葛丸祭」を開催継続
平成8年4月27日　石鳥谷町芸術文化協会会長就任、以来6年間
平成18年10月9日　石鳥谷「道の駅」に石鳥谷賢治の会の事業として宮澤賢治の「三月」詩碑を建立。
以後「三月祭」を継続開催
平成22年3月　石鳥谷賢治の会会長を辞任、顧問に推挙される

【表彰歴】
平成3年9月27日　障害者の多数雇用により岩手県知事から表彰される
平成5年9月1日　障害者雇用により、その自立と安定に寄与したとして労働大臣から表彰される
平成8年2月27日　多年にわたり議会議員として地方自治の振興、発展に寄与した功績により岩手県町村議会議長会表彰
平成11年2月5日　同　全国町村議会議長会表彰
平成13年10月31日　社会教育の推進に尽力した功績により全国社会教育委員連合会長表彰
平成14年5月22日　芸術文化の進展に寄与した功績により岩手県芸術文化協会長表彰
平成15年11月3日　地方自治功労者として石鳥谷町長より表彰

【編・著書】
『随筆集　葛丸の里に生きる』（平成7年12月12日刊）
『賢治先生と石鳥谷の人々』（平成10年12月12日刊）
『川柳合同句集　いしどりや』（平成23年1月15日刊）
『巨大氷柱 たろし滝』（平成24年9月15日刊）
『君はなぜ死んだのか』（平成26年8月15日刊）

住所　〒028－3185 岩手県花巻市石鳥谷町大瀬川13－21
電話　0198－45－6122

「なぜ台湾人は世界一親日家なのか？」

発　行　2017年4月5日
著　者　板垣　寛
発行者　有限会社ツーワンライフ
〒028-3621
岩手県紫波郡矢巾町広宮沢10-513-19
TEL.019-681-8121
FAX.019-681-8120
印刷所　有限会社ツーワンライフ

ISBN 978-4-907161-87-3
価格　本体790円+税